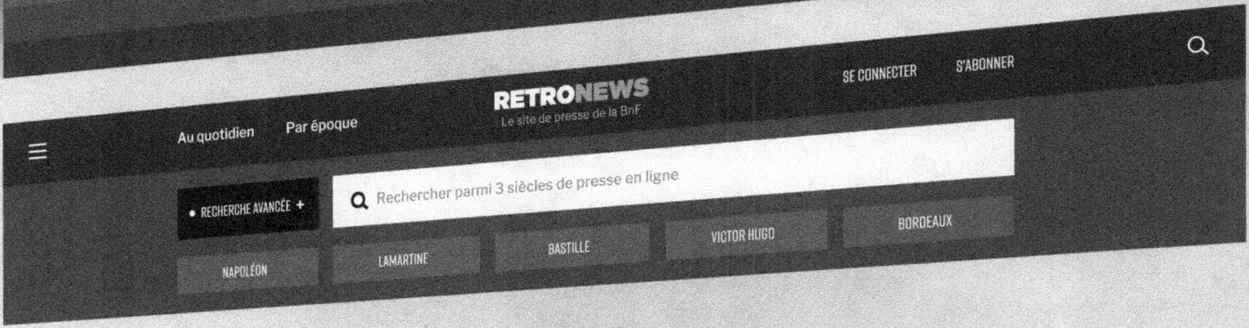

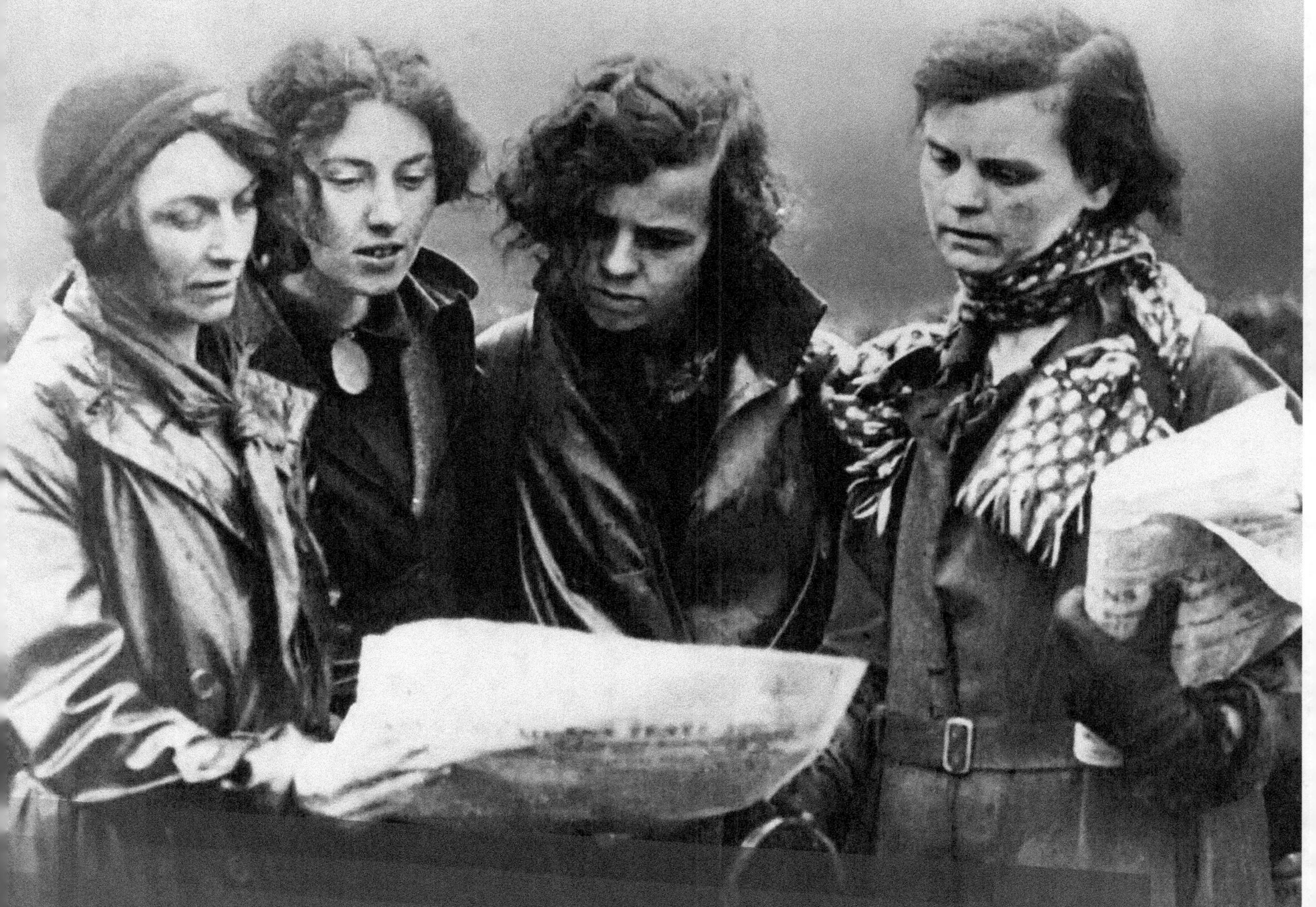

MÉMOIRES

DE

L'ACADÉMIE DE STANISLAS

1920-1921

CLXXI[e] ANNÉE

6e SÉRIE — TOME XVIII

IMPRIMERIE BERGER-LEVRAULT

NANCY-PARIS-STRASBOURG

1921

Siège de l'Académie : 43, rue Stanislas, Nancy

MÉMOIRES

DE

L'ACADÉMIE DE STANISLAS

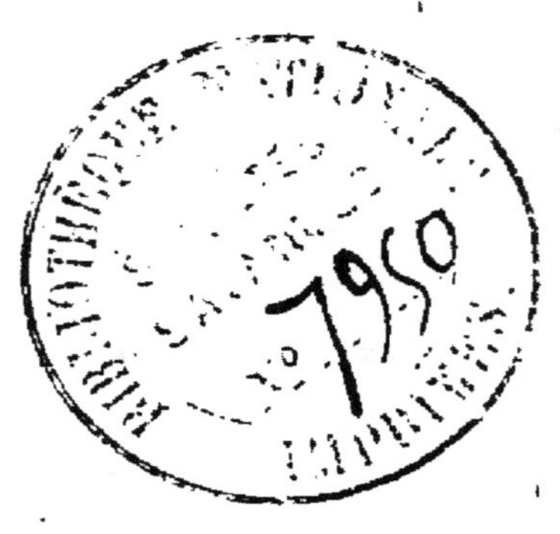

L'Académie ne prend point la responsabilité des doctrines et théories contenues dans les Mémoires dont elle vote l'impression.

MÉMOIRES

DE

L'ACADÉMIE DE STANISLAS

1920-1921

CLXXIe ANNÉE

6e SÉRIE — TOME XVIII

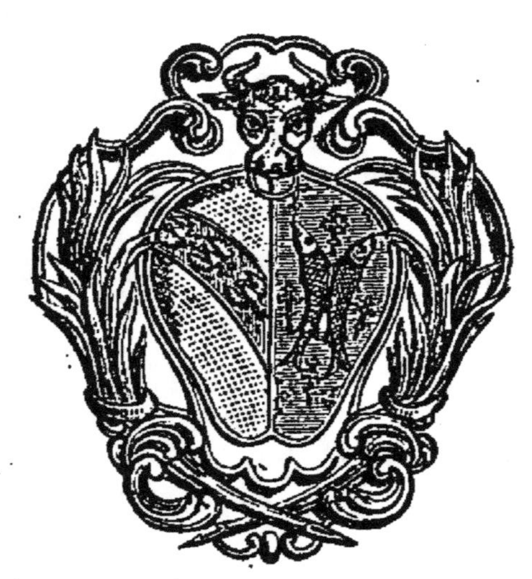

IMPRIMERIE BERGER-LEVRAULT

NANCY - PARIS - STRASBOURG

1921

Extrait du nouveau règlement voté par l'Académie le 28 mai 1915.

ARTICLE 28

Il y a chaque année deux séances publiques.

L'une a lieu dans le courant du mois de mai; l'autre en novembre ou décembre.

Elles ne doivent pas durer plus de deux heures.

L'heure de la séance est fixée par le président, qui nomme deux commissaires pour en faire les honneurs.

L'ordre de la séance publique de mai est réglé ainsi qu'il suit :

1° Compte rendu annuel;

2° Discours des récipiendaires dans l'ordre de leur réception et réponse du président;

3° Lectures dont la Société a fait choix pour cette séance;

4° Proclamation du bureau nouvellement élu.

L'ordre de la séance de novembre ou décembre est réglé ainsi qu'il suit :

1° Lecture des rapports sur les prix accordés par l'Académie ou par les Sociétés qui se sont placées sous son patronage;

2° Indication des sujets mis au concours;

3° Distribution des prix.

DISCOURS PRONONCÉ LE 9 OCTOBRE 1920

AUX OBSÈQUES

DE M. LE DOYEN FLOQUET

MEMBRE TITULAIRE

Par M. Édouard BINET

PRÉSIDENT

MESSIEURS,

La mort de M. le doyen Floquet, qui a causé dans notre Université une si pénible impression, met aussi en deuil l'Académie de Stanislas, qui le comptait au nombre de ses membres les plus anciens, les plus estimés, les plus aimés. L'union du regretté défunt avec notre Compagnie remonte, en effet, à 1893, année où il obtint la qualité d'associé-correspondant, mais l'unanimité des suffrages lui conférait en 1898 l'avantage, désiré par lui, de devenir membre titulaire. Depuis lors, il n'a cessé d'appartenir à l'Académie, prenant part à ses réunions, à ses travaux avec une ponctualité exemplaire; rien ne l'arrêtait, ni le labeur toujours plus assujettissant que lui donnait le décanat si lourd de la Faculté des Sciences, ni son concours actif à d'autres œuvres nancéiennes; nous l'avons vu, jusqu'à la dernière séance académique antérieure aux vacances qui vont se terminer, prendre sa place parmi nous; au cours de la grande guerre, alors que notre Compagnie continuait à se réunir aux jours habituels, méprisant les menaces d'un ciel trop fécond en engins de mort, il fut de ceux dont rarement le siège demeura vacant.

C'était un homme de devoir, de conscience, d'énergie et de dévouement, sans parler de ses qualités d'affabilité. On ne faisait jamais en vain appel à sa bonne volonté.

Dès 1899, il acceptait dans notre Compagnie les fonctions de secrétaire annuel et il faisait en 1900 le compte-rendu des travaux de l'Académie au cours de l'année; œuvre à laquelle il ne manqua pas d'apporter la scrupuleuse exactitude qui est le propre d'un esprit voué aux « sciences exactes ». Il a fait partie dans notre Académie de bien des commissions où il joua un rôle actif; qu'il s'agît de la Commission des finances ou des commissions préposées à l'examen des titres des candidats aux prix littéraires et scientifiques que l'Académie est appelée à décerner chaque année en séance publique, il ne ménagea ni son temps ni son labeur.

Vice-président de la Compagnie, élu pour l'année 1902-1903, il devenait normalement président pour l'année suivante. Le choix de ses confrères ne pouvait porter sur quelqu'un de plus qualifié, pourvu à un plus haut degré des qualités de tact et d'aménité, de respect du règlement et des traditions, qu'on aime à rencontrer chez l'homme appelé à diriger les travaux d'une assemblée.

Je ne referai point, après d'autres, par le détail, la biographie de Gaston Floquet. Ce que je retiens, c'est que Lorrain de naissance, puisqu'il avait vu le jour à Épinal, devenu Nancéien dès ses jeunes années, il a toujours été Lorrain par le cœur. Jamais il n'oublia que le lycée de Nancy avait été son grand initiateur dans l'ordre des connaissances humaines et qu'il lui devait les fondements de la science dont il fut plus tard un des notables représentants. S'il quitta notre ville, ce ne fut que passagèrement : ainsi alla-t-il chercher au lycée Louis-le-Grand une préparation plus directe au concours qui devait le faire entrer en 1869 à l'École normale supérieure. Mais la guerre de 1870 éclate, alors qu'il se trouve dans notre ville si promptement occupée par l'ennemi; il s'échappe pour aller contracter un engagement volontaire dans le corps du génie auxiliaire de l'armée de la Loire où il devient sous-lieutenant en janvier 1871. Après la tourmente, il a hâte de revenir à ses chères études; c'est le moment où il conquiert les plus hauts grades universitaires : la licence ès sciences, l'agrégation, le doctorat. Mais ses fonctions d'enseignement le tiennent encore momentanément éloigné de sa chère Lorraine; c'est dans les lycées de Belfort, d'Angers, de Clermont-Ferrand qu'il va faire ses premières armes pour l'enseignement des mathématiques. Enfin, la Faculté des Sciences de Nancy l'appelle dans son sein en 1878; il ne devait plus la quitter pour sa grande satisfaction, on le sait, mais aussi pour la sauvegarde de l'avenir de ce haut établissement scientifique dont il allait maintenir et accroître, si possible, le renom. Le maître de conférences de 1878 allait bientôt devenir titulaire d'une chaire magistrale (1890) et plus tard, en 1905, recevait la lourde succession du regretté Bichat dans le décanat, fonction à laquelle il se dévoua sans compter jusqu'en mai 1919.

Il était à prévoir que revenu en Lorraine, fixé dans sa chère ville, où il allait contracter une union si pleine de promesses, Gaston Floquet se sentirait attiré vers une société que son royal fondateur avait dénommée « Société royale des Sciences et Belles-Lettres de Nancy » et qui, de nos jours, a troqué cette étiquette pour le nom plus compréhensif et plus adéquat d'Académie de Stanislas. Dès qu'il posa sa candidature, notre Compagnie fut trop heureuse d'ouvrir ses rangs à un mathématicien dont la notoriété était bien établie. Cette branche de la science n'était plus d'ailleurs représentée dans son sein depuis la mort de M. le général Didion et de M. le doyen Renard, et ce fut une bonne fortune que d'introduire dans l'Académie, dont Charles Hermite avait été pendant plus d'un demi-siècle l'associé-correspondant, le professeur d'analyse de la Faculté des Sciences.

Je ne rappellerai point ici toutes les intéressantes communications que valut à notre Société la présence de notre regretté confrère. Il savait rendre accessible à tous, comme l'ont prouvé par ailleurs bien des conférences publiques qu'il a faites à Nancy, ce que la science a d'ardu pour les profanes; qu'il nous parlât des éclipses de 1900, 1908, 1912, 1920, pour en décrire les phases, ou du passage de Mercure sur le soleil en 1907, il excitait toujours le même intérêt et soulevait les mêmes applaudissements.

Beaucoup n'ont pas perdu la mémoire de cette séance publique du 22 mai 1902 où dans son discours de réception à l'Académie, Gaston Floquet faisait revivre la figure d'un astronome lorrain, trop oublié alors dans sa province natale, Charles Messier, celui qui découvrit tant de comètes que Louis XV l'avait surnommé « le furet des comètes ». Le récipiendaire nous présenta cet enfant de Badonviller dans toutes les étapes de sa carrière, depuis ses premières observations à l'âge de quatorze ans dans le ciel de la Lorraine jusqu'à celles qu'il fit ensuite à Paris dans la Tour de Cluny, où elles se renouvelèrent pendant plus de cinquante années. C'est à Gaston Floquet que Nancy est redevable de voir le nom de Messier donné enfin à une de ses rues, juste réparation, bien que tardive, d'une omission que l'ignorance seule expliquait. L'Académie de Stanislas dont Messier fut élu membre en 1785 et qui a compté ce savant au nombre de ses associés jusqu'à sa mort en 1817, ne peut qu'être reconnaissante à notre cher confrère d'avoir provoqué cette œuvre de justice.

Nous ne pensions pas en juillet dernier que la précieuse collaboration du doyen Floquet allait nous faire défaut. Sans doute, les années pesaient sur sa tête, de grandes épreuves ne lui avaient pas, hélas!

été ménagées, mais son énergie était telle qu'il pouvait dissimuler au dehors les blessures dont son cœur était atteint et se donner avec le même calme apparent aux études et aux œuvres qui réclamaient son concours. Mais on ne lutte point impunément de longues années ! La maladie est venue, clouant impitoyablement sur une couche de douleur celui qui s'était tant donné pour les siens, pour sa Faculté, pour notre Académie et tant d'autres œuvres. Là, encore, il fut un modèle de patience, de résignation chrétienne. Pas une plainte ne sortit de sa bouche. Devant la mort, il était soutenu par la foi qu'il allait retrouver les êtres chers auxquels il avait eu la douleur de survivre. Par son exemple, il vous demande, Madame, d'être forte comme il l'a été lui-même. Il obtiendra de l'Arbitre Souverain de nos destinées qu'il vous permette de parfaire la tâche de dévouement maternel que vous avez si courageusement assumée et qu'il couvre de sa protection puissante ceux qu'il a laissés ici-bas.

Au nom de l'Académie de Stanislas, permettez-moi, Madame, de m'incliner respectueusement devant votre douleur et d'offrir à notre bon confrère le suprême adieu.

ALLOCUTION

PRONONCÉE A LA

SÉANCE DES PRIX DE VERTU

Par M. Édouard BINET

PRÉSIDENT ANNUEL

MESDAMES,
MESSIEURS,

Quand, en 1876, l'Académie de Stanislas fut invitée pour la première fois, grâce à la libéralité d'un de ses membres, M. Jules Gouy, à récompenser la vertu, un scrupule pouvait naître dans l'esprit de ceux qui faisaient alors partie de la Compagnie : était-il dans le rôle d'une société créée en vue d'entretenir dans la Lorraine le goût des lettres et des sciences, de travailler à l'histoire de la province, d'encourager au besoin les efforts des savants et des lettrés par l'attribution de prix destinés à proclamer les mérites de leurs œuvres, était-il dans le rôle d'une semblable société de décerner et de distribuer des prix de vertu ?

Je ne sache pas cependant que la question ait soulevé des discussions au sein des réunions académiques du temps, et on se l'explique aisément. D'abord la Compagnie n'avait-elle point sous les yeux le noble exemple de l'Académie française, qui n'a pas cru sortir de ses attributions en se faisant l'intermédiaire de cœurs généreux dont l'ambition est d'honorer et d'encourager la vertu? Pouvait-elle craindre de ne pas répondre aux intentions de son royal fondateur, de celui qu'on a appelé Stanislas « le bienfaisant »? Ne restait-elle point fidèle à la mission qu'il lui avait assignée de récompenser le mérite? Certes, les œuvres de l'esprit contribuent à rehausser la gloire d'un pays, les travaux scientifiques sont plus d'une fois le germe de découvertes qui tendent à l'illustrer et parfois à l'enrichir, mais nul n'ignore qu'un peuple puise dans la force morale de ses enfants ses grands éléments de stabilité, de prospérité, de progrès, de défense, même contre les agressions du dehors; nous sommes au lendemain d'événements qui l'ont prouvé de façon si nette qu'il est inutile d'insister. Et cette force morale, elle est le résultat de cette vie familiale où la pratique quotidienne du don de soi pour les siens devient une habitude qui se transmet des pères et surtout des mères aux enfants, qui élargit son domaine insensiblement, au moins pour certaines âmes privilégiées, dont la grande vertu, la charité, l'esprit de sacrifice, ne connaît plus les limites créées par les liens du sang, mais s'étend à toutes les infortunes, à toutes les détresses partout où elles les rencontrent. Ce sont ces traditions ancestrales où nous trouvons la source de tant de dévouements, dont nos palmarès académiques ne sont qu'un pâle reflet, de tant d'actes héroïques qui illustrèrent la grande guerre dont nous sortions hier victorieux.

L'Académie de Stanislas pouvait se demander aussi, au jour de cette première fondation, si la généreuse initiative de M. Jules Gouy aurait des imitateurs et si l'institution des prix de vertu qu'on lui donnait la mission de décerner irait se développant. A vrai dire, elle ne pouvait guère en douter, car l'exemple, même l'exemple du bien, est contagieux, et, en tout cas, les événements ont dû la rassurer complètement et promptement. Qu'il suffise de rappeler que de nos jours l'Académie dispose non seulement de la fondation Gouy, des prix Jeanne Bourgon, Mangeon, Chassignet, Cardin-Roussel, Ferdinand Lachasse, Charles Bour, Clotilde Humbert, Nicolas Humbert, Simonin, Pister, et qu'elle doit à l'inépuisable générosité de M. René de Goussaincourt, membre donateur de notre Compagnie, une dizaine environ de fondations, de prix divers avec affectations variées. Si telles sont nos richesses actuelles, il n'est pas téméraire de penser que bien d'autres encore viendront s'y ajouter dans l'avenir. Ce qui recommande spécialement une société comme la nôtre à l'attention des bienfaiteurs que hante le désir de fonder un prix de vertu, c'est la valeur morale qui s'attache à notre choix : notre Compagnie n'est point un établissement charitable qui distribue des secours, même mérités : ce qu'elle veut, en décernant des récompenses, c'est honorer les actes de vertu, en propager l'exemple, glorifier leurs auteurs en dépit souvent de leur modestie, et l'obole qu'elle ajoute au nom des fondateurs, obole presque toujours modique, n'est dans sa pensée qu'un accessoire bien modeste du témoignage public d'admiration qu'elle rend aux lauréats.

Nombre des fondations dont l'Académie de Stanislas jouit tendent à récompenser les belles vertus de dévouement maternel, de piété familiale ou tout simplement de dévouement sans restrictions. D'autres ont un objet plus limité : ainsi la dot Jeanne Bourgon, destinée à venir en aide à une jeune fille méritante qui est sur le point ou vient de se fonder un foyer; d'autres ont été inspirées par les circonstances, tels les prix militaires et les prix établis en faveur des auxiliaires de la Société de secours aux blessés militaires ou d'autres œuvres nées de la guerre, qu'a instituées M. de Goussaincourt, tel encore le prix temporaire que ce bienfaiteur, toujours aux aguets de nouvelles sources de charités, établit cette année pour récompenser un acte de courage accompli dans les dernières inondations, prix dont vous connaîtrez tout à l'heure le jeune et intrépide bénéficiaire, tel enfin le prix, dû à la même main généreuse, destiné à reconnaître le mérite d'un médaillé du travail, c'est-à-dire d'un ouvrier ou d'un serviteur dont la fidélité prolongée à son patron ou à son maître a été officiellement attestée. Enfin, permettez au président annuel de l'Académie d'exprimer toute la satisfaction qu'il éprouve en voyant se réaliser aujourd'hui le vœu qu'il exprimait en 1917, comme rapporteur de la commission des prix de vertu, le vœu de voir figurer un jour, sur la liste des fondations, un prix spécialement affecté aux mères qui ont su élever de nombreux enfants dans le culte du devoir. Mme veuve Pister, à la libéralité de laquelle l'Académie doit la plus récente fondation, a précisément créé plusieurs prix au profit de mères de familles chargées d'enfants et méritantes. Ces prix vont être décernés aujourd'hui pour la première fois, et le rapport qui va vous être lu, en levant le voile qui couvre la vie admirable de trois modestes mères de « familles nombreuses » que l'Académie fait bénéficier des dernières volontés de Mme Pister, ne manquera pas de provoquer vos légitimes applaudissements pour ces femmes de devoir et de courage.

Excusez-moi de vous avoir fait attendre la lecture du beau rapport de notre confrère, M. Ch. Bohème; c'est la pièce capitale du programme de cette séance. Je ne veux en rien l'effleurer, mais je suis convaincu qu'après avoir entendu le récit bien véridique de ces vies d'abnégation, de tous ces actes de vertu, que l'Académie récompense aujourd'hui, vous ratifierez en ce qui concerne la Lorraine, le jugement qu'exprimait, il y a quelques mois, dans la séance publique annuelle de l'Académie française, son directeur en exercice, M. Raymond Poincaré : « Gardons-nous, disait-il, de calomnier notre âge et ne nous hâtons pas de juger sur de fausses apparences les générations au milieu desquelles le destin a fixé notre vie. Si, à la suite des épouvantables secousses qui viennent d'agiter l'univers, un peu d'écume est, çà et là, montée à la surface des éléments bouleversés, ce n'est pas une raison pour qu'il faille désespérer de la vertu et la croire étouffée par le vice triomphant... » Et il ajoutait : « De la France, nous pouvons parler avec une fierté satisfaite et affirmer hautement qu'elle n'a point dégénéré. »

RAPPORT
SUR LES PRIX DE VERTU

Par M. Charles BOHÊME

MEMBRE TITULAIRE

MESSIEURS,

On reproche souvent aux philosophes de se perdre en considérations purement théoriques sur les sujets qu'ils entreprennent de traiter. En morale, notamment, on les accuse d'engager des discussions en l'air sur le devoir ou sur le droit, et de prétendre ensuite régenter le monde d'après ces vues *a priori*, sans s'arrêter aux conditions ni aux contingences de la vie. J'avoue que ces critiques n'ont pas toujours tort et que l'Utopie est la fée maligne, qui guette et qui poursuit les « abstracteurs de quintessence ». Pour ma part, je suis extrêmement reconnaissant à votre Commission d'avoir bien voulu me charger, cette année, du rapport sur les prix de vertu : ce faisant, elle m'a fourni l'occasion de reprendre contact avec la réalité morale et les moyens de l'étudier sur le vif : je veux dire chez les « braves gens ».

Car il y a de braves gens en France — et dans notre région lorraine en particulier — n'en déplaise à certains pessimistes, qui n'ont jamais vu l'humanité qu'à travers leur noire humeur, ou à certains lecteurs un peu trop naïfs, qui prennent pour l'exacte peinture de nos mœurs « l'histoire naturelle et sociale de l'illustre famille des « Rougon-Macquart ».

C'est sur un petit nombre de ces braves gens que, après un examen des plus sérieux, votre Commission a jeté son dévolu; et je viens, en secrétaire fidèle, vous exposer les motifs qui ont décidé de son choix. Je ne chercherai pas à vous présenter vos lauréats dans une gradation savante, machinée en vue de l'effet oratoire; n'est-ce pas en morale surtout que « la vraie éloquence » — celle des actes — « se moque de l'éloquence »?

Je suivrai donc, sans y changer un iota, et dans l'ordre même où elle m'a été communiquée, l'énumération des prix et de leurs titulaires, — m'effaçant le plus possible pour laisser la parole aux faits.

I

En tête de la liste s'inscrivent les récompenses instituées par vos donateurs pour honorer la piété filiale.

1. — Abandonnée, il y a trente ans, par son mari, mère d'un fils qui devait, hélas! être tué à la guerre, Mme **Wasmer** (1) n'en continua pas moins son exis-

(1) 20, place de l'Arsenal, Nancy.

tence, toute de labeur et d'oubli de soi. Elle a élevé à ses frais un enfant délaissé, qui, entré actuellement au service, lui a voué la plus vive reconnaissance. Mais ses soins de tous les jours vont surtout à sa vieille mère de quatre-vingt-dix-sept ans, et à sa sœur qu'une fièvre typhoïde a mise dans un réel état d'infériorité. Pour subvenir à leurs besoins, Mme Wasmer n'a que son aiguille de bonne et diligente ouvrière : raccommodage, couture, confection, voilà sa besogne de tous les jours. L'Académie de Stanislas, en prélevant sur la fondation **Jules Gouy** une somme de 350 francs, est heureuse de donner à cette digne femme une marque de sa haute estime, et de la seconder un peu dans sa tâche d'abnégation.

Les 250 francs restants iront à Mlle **Émélie Contal** (1), devenue tout récemment Mme Ponce. Son changement d'état civil n'a nullement interrompu la continuité de son dévouement. C'est toujours par son travail personnel dans les ateliers d'un grand couturier nancéien que, comme par le passé, elle fait vivre sa mère, vieillie avant l'heure, et sa sœur, qu'une grave maladie rend incapable du moindre effort. Votre Commission qui, en 1913, attribuait déjà le prix Cardin-Roussel à Mlle Contal veut honorer en elle aujourd'hui — sous son nouveau nom d'épouse — une forme de récidive qu'on ne saurait trop encourager : la récidive dans le bien.

II. — En dépit d'une santé frêle, Mlle **Reine**

(1) 21, rue des Carmes, Nancy.

Beaud (1), elle aussi couturière, apporte depuis longtemps aux siens et notamment à sa mère infirme une aide précieuse. A Tremblecourt, où sa famille s'était installée au début de l'année 1914 et comptait trouver la vie plus facile qu'à Nancy, Mlle Beaud fit, au cours de la guerre, preuve d'une belle énergie. Elle est la seule jeune fille qui soit restée au village momentanément occupé par les uhlans. Dans cette commune, qui eut fort à souffrir de l'ennemi et où les siens perdirent le peu qu'ils possédaient, Mlle Beaud donna, sans compter, ses soins aux blessés, et surtout elle eut la touchante pensée d'entretenir, en tout désintéressement comme en tout zèle, l'humble cimetière où reposent nos soldats tombés pour la défense du sol commun. Ce dernier trait — bien lorrain — lui valut à diverses reprises les félicitations des majors de cantonnement. A ce témoignage non suspect, l'Académie tient à joindre ses éloges en décernant à cette vaillante le prix **Mangeon** d'une valeur de 100 francs.

III. — Aînée de six enfants, dont trois sont encore en bas âge, Mlle **Hélène François** (2) fut signalée à votre attention pour sa conduite irréprochable, et pour la très large part qu'elle prend à l'éducation de tout ce petit monde. Excellente ouvrière, fort estimée aux établissements Gallé où, depuis la paix, elle est venue reprendre sa place, elle soutient de son salaire,

(1) 52, rue de Maron, à Villers-lès-Nancy.
(2) 1, impasse de la Garenne.

comme de sa force morale, sa mère, demeurée veuve, et dont l'état de santé n'est rien moins que brillant : ensemble, elles élèvent — et élèvent bien — cette nombreuse famille. Les 200 francs du prix **Cardin-Roussel** ne sauraient être mis en meilleures mains qu'en celles de cette jeune fille de vingt-deux ans, qui est vraiment la providence des siens.

IV. — Selon les clauses du legs **Charles Bour**, vous devez diviser en quatre ou cinq lots une somme de 1.800 francs d'arrérages, et répartir ces lots « entre des jeunes filles catholiques, pour récompenser leur bonne conduite et leur dévouement à leurs parents ».

Se conformant à la lettre et, mieux encore, à l'esprit de ce texte, votre Commission a distingué, parmi celles qui pouvaient prétendre à ces prix, en premier lieu, Mlle **Marie-Louise Obellianne** (1). Et de fait, nous nous trouvons ici en présence d'un mérite exceptionnel, confinant à ce qu'on appelle, en langage théologique, l'*héroïcité*. Tous les dévouements semblent s'être donné rendez-vous dans cette conscience d'élite : dévouement à une mère veuve, sans fortune, et dont la mort de ses trois fils tombés au champ d'honneur a brisé l'âme; dévouement envers une nièce de huit ans, deux fois orpheline; et, comme si ce n'était point assez de cette abnégation familiale, dévouement à l'œuvre de la Société de Secours aux blessés militaires, où tous ceux qui l'ont vue sont unanimes à louer son habileté consommée d'infirmière et sa

(1) 37, rue de Toul.

bonne volonté toujours prête aux besognes les plus ingrates; dévouement envers de pauvres malades illettrés, à qui elle enseigne à lire; dévouement enfin envers les indigents de la ville, dont elle va panser les plaies au dispensaire de la Croix-Rouge. Et, comme il faut vivre et surtout faire vivre les êtres chers dont on est l'unique soutien, Mlle Obellianne s'ingénie encore par son travail à trouver les ressources nécessaires, soit sous forme de leçons particulières, soit sous forme de cours organisés, accomplissant ces tâches multiples avec une énergie sereine qui ne connaît ni l'aigreur ni la lassitude. Devant une vertu si haute, l'Académie de Stanislas ne peut que s'incliner, en priant Mlle Obellianne de vouloir bien agréer, comme un gage de son admiration, le prix de 500 francs prélevé sur la fondation Bour.

En 1916, votre Commission couronnait, en la personne de Mlle **Louise Brévot** (1), la piété d'une fille envers sa vieille mère, à qui la paralysie avait presque entièrement enlevé l'usage de ses membres. Au prix d'un travail opiniâtre et des privations les plus dures aussi, Mlle Brévot avait résolu le double et difficile problème de subvenir seule aux charges du ménage, et de prodiguer en même temps à la chère malade les soins assidus qu'exigeait son état. Quatre années, depuis, se sont écoulées, quatre années de sacrifices, sans répit ni faiblesse, si bien que naguère un honnête ouvrier d'usine, témoin ému d'une telle douceur et d'un tel courage, a prié Mlle Brévot de

---

(1) 31, rue de Toul.

l'associer à sa vie et à ses devoirs. Elle y a consenti, dans la pensée que la pauvre infirme aurait désormais deux enfants à son service. Aussi l'Académie, jugeant qu'il convenait de reconnaître par un nouveau prix tant de persévérance, attribue-t-elle, sur les revenus du legs Ch. Bour, 400 francs à Mlle Brévot.

Sous le vocable du même donateur, trois autres récompenses de 300 francs chacune sont respectivement allouées à Mlles **Bronner, Damidaux** et **Baumgarten.**

Parisienne de naissance, mais, depuis 1903, Nancéienne d'adoption, Mlle **Françoise Bronner** (1) veille, avec une touchante vénération, sur ses parents âgés. La trop modique retraite du père, ancien gardien de la paix, ne pouvant suffire à l'entretien du ménage, c'est le travail assidu de sa fille, couturière à son compte, qui comble la lacune; encore faut-il, pour traverser ces temps de vie chère, qu'à ce labeur s'adjoigne la plus sévère économie. Et si j'ajoute qu'en se consacrant toute à ses père et mère, Mlle Bronner a permis à sa sœur plus jeune de suivre une impérieuse vocation et d'entrer chez les Filles de la Charité, si je dis enfin qu'elle ne se distrait de sa rude tâche que pour garder, chaque dimanche, les fillettes d'un patronage, j'aurai simplement indiqué les traits principaux de cette attachante physionomie morale, qu'il était juste de mettre en lumière.

Caissière chez un orfèvre de notre ville, Mlle **Marie**

(1) 142, rue de Mon-Désert.

Damidaux (1) soutient de son gain modeste sa mère octogénaire, infirme et alitée depuis plusieurs années. Sa prévenance et ses attentions à l'égard de la pauvre malade descendent à tous les détails. C'est ainsi qu'avant de se rendre à son magasin elle prévoit et dispose tout ce dont sa mère peut avoir besoin, afin que celle-ci ne souffre pas trop de son absence. Ce dévouement, qui ne s'est jamais démenti, et qui s'exerce en toute patience, sous la forme la plus délicate et la plus tendre, ne pouvait laisser insensible votre Commission, qui s'est fait un devoir — je ne dirai pas de le récompenser, mais de le signaler à l'estime de tous.

Née à Nancy, le 26 mars 1896, Mlle **Élisa Baumgarten** (2) obtenait, en 1915, à l'âge de dix-neuf ans, un de vos prix de piété filiale. Aujourd'hui, tous ceux qui ont pu apprécier sa haute valeur morale sollicitent pour elle le renouvellement de cette distinction. Orpheline de père, seul appui d'une mère épuisée par les privations et par les chagrins, et par la maladie, elle connut, au cours de la dernière guerre, des heures vraiment désolantes lorsque, chassée par le bombardement, elle dut, pendant plusieurs mois, errer d'abri en abri avec celle dont elle partageait et protégeait l'existence. En 1918, la mère et la fille se décidèrent à quitter Nancy et se réfugièrent dans un village de la Côte-d'Or, où elles inspirèrent de suite à leurs hôtes le plus sympathique intérêt.

---

(1) 13, rue Saint-Michel.
(2) 61, rue du Faubourg-Stanislas.

Depuis leur retour, Mlle Baumgarten, afin de pourvoir à l'accroissement de dépenses occasionné par la crise actuelle, double les heures de travail et, sans une plainte, avec l'égalité d'une âme profondément religieuse, elle procure à sa mère — au prix de quels sacrifices ! — les quelques adoucissements qui consolent les dernières années d'une vie d'épreuves. Bref, devant l'unanimité des témoignages recueillis, l'Académie de Stanislas ne pouvait que ratifier une fois de plus le verdict de l'opinion en faveur de Mlle Baumgarten, — et c'est ce à quoi elle n'a point failli.

V. — A Mlle **Thérèse Weiss** (1), votre Commission a réservé le prix **Prosper Simonin** de 150 francs.

Amputé d'une jambe à la suite d'un accident du travail, le père de Mlle Weiss, serrurier de son état, n'en avait pas moins continué l'exercice de son métier, lorsque, soudain, au cours de la guerre, la jambe qui lui restait devint inerte. Cette paralysie provoqua toute une série de complications pathologiques, qui nécessitèrent des soins continuels et pénibles. Pas un instant, durant trois longues années, la piété filiale de Mlle Weiss ne se rebuta ni ne se ralentit. Tout le temps que lui laissait sa profession de repasseuse à l'École de broderie de la Ville de Nancy, elle le donnait à son malade; tout le gain de son travail, elle l'abandonnait à ses parents. Cependant, l'existence devint si difficile que, pour assurer aux siens

---

(1) 24, rue du Faubourg-Stanislas.

le nécessaire, Mlle Weiss dut s'imposer les plus rudes privations. Aussi, peu après la mort de son père, tomba-t-elle dans un état d'anémie profonde. Sur ces entrefaites eut lieu l'évacuation partielle de Nancy; Mlle Weiss suivit à Dinard l'École de broderie, et ce changement d'air et de milieu eut pour effet de la réconforter quelque peu physiquement. Depuis son retour, elle a reporté sur sa mère veuve un dévouement auquel l'Académie a voulu rendre un public hommage.

VI. — C'est cette année que, pour la première fois, vous êtes appelés, Messieurs, à répartir les arrérages de l'importante **fondation Pister.** Ces arrérages représentent une somme de 1.500 francs, dont la moitié doit être distribuée en deux ou trois prix à des « jeunes filles méritantes ». La magnifique libéralité de Mme Pister vous permet à la fois d'élargir le cercle de votre action et de stimuler de façon plus efficace le goût et la pratique de la haute moralité. D'ailleurs, pour le choix de vos premières lauréates, vous avez eu la main heureuse.

Si, parfois, à vos prix des candidats se présentent qui font valoir eux-mêmes leurs propres titres, à coup sûr tel n'est pas le cas de Mlle **Jeanne Pierron** (1); c'est à son insu que sa vive et pieuse tendresse pour les siens vous fut révélée par votre regretté confrère M. Collesson. Il fallut même — je le sais — faire quelque peu violence à sa modestie

---

(1) 27, rue Verlaine.

pour obtenir l'autorisation de citer sa belle conduite envers son père, depuis cinq ans paralytique, au chevet duquel elle a déjà passé tant de jours et tant de nuits. « Je ne fais que mon devoir », disait-elle. Mais le devoir ainsi compris, l'affection toujours souriante et toujours attentive aux moindres désirs d'un infirme condamné à l'absolue immobilité, — cela s'appelle l'oubli de soi. Et lorsqu'à l'abnégation filiale on joint le dévouement fraternel, — quand, sans ménager ni son temps ni sa peine, on aide une sœur à élever et à soigner sept enfants, — le devoir, ainsi pratiqué, c'est, dans la pleine force du terme, la vertu. Je persiste donc à croire que l'Académie de Stanislas a été bien inspirée en décernant à Mlle Pierron un prix Pister de 300 francs.

Déjà titulaire d'un des prix Bour, en 1914, Mlle **Marie Annezer** (1) vous a été proposée pour une nouvelle distinction. Les témoignages les plus autorisés la signalent comme une ouvrière modèle, et l'administration des Magasins Réunis lui a confié la direction d'un comptoir de confection. Mais, si louable que soit sa conscience professionnelle, ce n'est là qu'une de ses moindres qualités. La parfaite dignité de sa vie, son obligeante amabilité et surtout sa sollicitude constante pour une mère veuve et toujours souffrante ont été, devant votre Commission, ses meilleures références. Pour subvenir aux besoins de sa chère patiente, — et pour lui garantir, malgré la dureté des temps, la sécurité du lendemain,

(1) 8, rue Henner.

Mlle Annezer prolonge par de fréquentes veilles des journées de travail déjà bien remplies. Dans ces conditions, vous avez jugé qu'un tel labeur et qu'une telle persévérance devaient être mentionnés derechef, et vous avez à bon droit, en faveur de Mlle Annezer, prélevé une autre somme de 300 francs sur la fondation Pister.

Reste une somme de 150 francs, que vous avez attribuée à Mlle **Françoise Bagard** (1). Aînée de sept enfants, seule, elle demeure auprès de son père aveugle et de sa mère fort affaiblie par l'âge. C'est uniquement par son salaire qu'elle a pu jusqu'ici — non sans difficultés — pourvoir à l'entretien du vieux ménage et à sa propre subsistance. Fort appréciée, d'autre part, dans l'établissement d'imprimerie où elle est ouvrière, Mlle Bagard a su par la droiture de sa conduite se concilier l'estime de tous : à ce double égard, elle justifie la distinction dont elle est aujourd'hui l'objet.

VII. — Vos donateurs ont non seulement songé à récompenser, chez les jeunes filles, la piété envers les parents, mais ils se sont encore préoccupés d'assurer à ces lauréates de l'amour filial la possibilité matérielle de fonder, à leur tour, une famille. A cette heureuse intention correspond, sur la liste de vos prix, la fondation que vous avez bien nommée : la **Dot Jeanne Bourgon.**

Pour cette dot de 1.500 francs, dès l'an dernier, une

(1) 14, rue Gény, à Malzéville.

candidature des plus sérieuses fut proposée et soutenue par une voix des plus autorisées. Le nom mis en avant était celui de Mlle **Lucienne Derché** (1), aujourd'hui Mme **Marcel Maurin.**

Aînée de huit enfants, pour l'éducation desquels elle secondait de toutes ses forces sa mère veuve, Mlle Lucienne Derché obtenait, en 1914, un des prix Jules Goüy. Depuis ce temps déjà lointain, ses mérites n'ont fait que s'accroître. Sa mère étant morte, elle a pris sa place auprès de ses cadets. Pendant la guerre, elle comptait, au front, trois frères à qui elle a servi de « marraine », — plus un jeune frère et une jeune sœur restés ici à sa charge. Quand notre ville fut bombardée, elle dut soustraire au danger ses deux pupilles, et se réfugier à Paris, où elle entra comme ouvrière dans un atelier de blanchisserie : dur sacrifice pour elle, qui, jusqu'alors, avait travaillé à son compte. Lorsque les aînés furent démobilisés et les plus jeunes placés, Mlle Derché put enfin songer à elle-même. Récemment, elle a uni sa vie à celle de M. Marcel Maurin, employé de banque à Sens. Mais elle n'a point oublié pour cela ceux dont elle avait été la seconde mère. Elle leur a laissé tout son mobilier et, comme entrée de jeu dans la vie conjugale, elle n'a gardé pour elle que son bon vouloir et son grand courage. Aussi bien, dans sa situation présente, l'occasion d'un nouveau dévouement ne s'est pas fait attendre. Son beau-père, âgé de soixante-treize ans, incapable de se suffire et

(1) 105, rue Alsace-Lorraine, à Sens (Yonne).

gravement malade, a été recueilli par elle; et les soins qu'elle a dû lui donner ont empêché jusqu'ici cette vaillante femme de reprendre, comme elle le désirait, sa profession de lingère. Le jeune ménage, grevé de cette lourde charge, a donc pour ressource unique le médiocre traitement du mari. Vous avez en conséquence estimé, Messieurs, que la **Dot Jeanne Bourgon** apporterait à Mme Maurin — avec une nouvelle marque de votre sympathique intérêt — un peu de cette aide fraternelle à laquelle ceux qui ont tant aidé les autres ont bien droit à leur tour.

II

Pas plus que la piété filiale, le dévouement maternel ne pouvait être oublié par les généreux bienfaiteurs qui vous ont constitués leurs mandataires.

I. — Une seconde **fondation Jules Goüy,** égale en importance à la première, vous permet, cette année, de récompenser, en leur attribuant à chacune un prix de 200 francs, Mme **Rose,** Mme **Braun** et Mme **Fabert.**

Veuve de guerre, depuis le 10 mai 1915, Mme Rose (1) a trois enfants, dont l'aînée, Berthe, est âgée de douze ans et le dernier (un garçon né le 3 juin 1912) est infirme. Pour subvenir à leurs besoins, elle travaille comme femme de ménage; et tous

(1) 104, rue du Ruisseau.

ceux qui l'ont employée ou l'emploient encore se déclarent très satisfaits de ses services. Elle élève on ne peut mieux ses enfants; elle les envoie régulièrement à l'école, où maîtres et maîtresses se louent de leur politesse et de leur docilité. Est-il, après cela, besoin de dire que cette mère aimante, active, qui veille sur la propreté de ses enfants comme sur leur éducation morale, est une femme irréprochable, et que, dans son quartier, elle a su gagner le respect de tous?

Elle aussi, Mme **Braun** (1) est mère de trois enfants, dont les âges s'échelonnent de douze à sept ans; elle aussi a perdu son mari, qui, deux mois après la démobilisation, devait lui être enlevé par une épidémie de grippe infectieuse. Et d'elle aussi l'on peut faire le même éloge que de Mme Rose : même diligence dans son service de ménagère, même soin apporté à l'entretien physique des chers petits, même vigilance sur leurs âmes, — et tout cela, par ces temps de vie âpre, avec le perpétuel souci du lendemain et l'angoisse de la veuve, qui, sans pension, ni secours d'aucune sorte, doit, avec ses seuls gages, suffire à sa lourde tâche !

Quant à Mme **Fabert** (2), qui a le bonheur d'avoir pour mari le plus consciencieux et le plus sobre des ouvriers, tous les témoignages nous la dépeignent comme une femme accomplie, élevant selon les principes d'une sévère honnêteté les quatre survivants

(1) 25, rue Victor-Hugo.
(2) 3, rue Oberlin.

des six enfants, dont elle fut mère. Bien que les ressources du ménage soient modiques, rien ne trouble la paix de cet intérieur décent; le mari, fort serviable pour les siens, trouve encore le temps de se dévouer aux autres, tandis que sa compagne, qui sait tirer parti de tout, se complaît, par la bonne tenue du logis et des enfants, à lui rendre douce la vie de famille.

Vous pouvez être sûrs, Messieurs, que les distinctions accordées à ces trois mères seront bien accueillies de leur voisinage, et qu'ainsi votre choix sera pour la conscience publique un salutaire exemple de justice distributive.

II. — Entre les récompenses affectées au dévouement maternel et les prix **Pister,** que, pour la première fois, vous allez décerner aux « familles nombreuses », je ne vois qu'une différence de nuance ou de degré : c'est donc encore entre trois mères, que, selon les intentions de la donatrice, votre Commission a partagé, en prix égaux de 250 francs, la seconde moitié de la fondation Pister.

Messieurs, qu'il soit permis à votre rapporteur de saluer — et de saluer bien bas, — en la personne d'une Meusienne de Rampont, je ne dirai pas seulement la mère dévouée, mais la mère héroïque. Le mot n'est pas trop fort, comme vous l'allez juger par les faits, que je rapetisse plutôt en les résumant.

Mme **Humbert** (1) avait eu huit enfants déjà —

(1) A Rampont (Meuse).

dont six vivants; elle attendait la naissance du neuvième, lorsque, le 28 juillet 1911, son mari fut, dans les champs, tué par la foudre. Courageusement, elle prit en mains le train de culture, qu'elle dirigea pour le mieux. Survint la guerre. Dès septembre 1914, Rampont est bombardé, la maison de Mme Humbert réduite en cendres, et tous les instruments agricoles détruits. Utilisant quelques meubles arrachés aux flammes, l'énergique veuve se réinstalle avec les siens dans une maison d'emprunt, où elle est encore; elle reprend la culture comme elle peut. Mais voici que le service militaire lui réclame successivement ses deux fils aînés. Avec l'aide du troisième et de l'aînée des filles, Mme Humbert fait face à tout. En juillet 1918, ordre est donné d'évacuer le village : il faut laisser sur pied les récoltes, déjà mûres pour la moisson; il faut abandonner le peu de matériel, que l'on avait péniblement reconstitué. Mais, dès qu'on peut rentrer, Mme Humbert revient et se remet à la tâche. Enfin l'armistice est signé; mais, hélas! ce n'est pour la pauvre femme que le commencement d'une autre épreuve. L'aîné de ses fils, dont elle attendait le retour pour lui confier la direction des travaux, ne revient de la guerre que pour tomber malade des suites de sa blessure. Malgré tout, la vaillance de Mme Humbert n'a jamais faibli. Devant cette ténacité indomptable, devant cette abnégation maternelle, doublée de la plus chrétienne humilité, toute une population s'est émue. Curé, maire, instituteur, au nom de leurs concitoyens, vous ont demandé de reconnaître et de consacrer par une de vos distinctions l'éminente dignité morale de cette paysanne lorraine, de cette vraie femme française. A ce vœu unanime, vous vous êtes empressés de vous ranger, avec le regret toutefois de n'avoir pas de récompense assez haute pour honorer tant de vertu !

Si le courage et le dévouement de Mme Humbert empruntent aux horreurs de la guerre je ne sais quel reflet de grandeur tragique et par là s'imposent d'eux-mêmes à notre admiration, le mérite maternel peut s'exprimer aussi sous d'autres formes moins éclatantes, sans doute, mais qui ne laissent pas d'être, pour le psychologue et pour le moraliste, fort belles encore. Tel est le cas de votre seconde lauréate, Mme **Louise Thouvenel** (1).

Mariée à un honnête ouvrier, cette excellente femme, sur les seize enfants nés d'elle, en compte aujourd'hui dix vivants : sept fils et trois filles, dont les âges vont — en gradation descendante, — de vingt-cinq ans à quatre mois. Et cette ample famille, Mme Thouvenel l'a élevée et l'élève encore avec le soin le plus scrupuleux, dans un intérieur reluisant de propreté. Aussi peut-elle être fière de son œuvre. De ses enfants elle a déjà fait et fera des hommes et des femmes de devoir : je n'en veux pour preuve que la belle conduite de l'aîné, blessé quatre fois au cours des hostilités, deux fois intoxiqué par les gaz, et qui, parti simple soldat au début de la campagne, pouvait, lors de la démobilisation, montrer sur

---

(1) 160, rue de Boudonville, Nancy.

les manches de sa tunique les galons de sous-lieutenant.

Votre troisième lauréate, Mme **Charles Pariset** (1), a, pour sa part, eu treize enfants, sur lesquels lui restent encore six filles et cinq fils. Elle n'a, pour l'entretien de cette nombreuse lignée, d'autres ressources que le labeur sans trêve et la plus stricte économie. Le mari, depuis longtemps ouvrier à l'usine à gaz de Nancy, a pris la sage détermination de s'installer à la campagne, où la vie est moins dispendieuse, et où l'on peut soustraire les siens aux dangereuses promiscuités. La famille habite donc Pulnoy, et, chaque jour, le père s'impose le long trajet de ce village à Nancy. Les enfants sont instruits dans l'amour du travail et dans le culte de la probité. Les aînés sont aujourd'hui placés; quant aux cadets, pour les prémunir contre la tentation de la dépense, on les oblige à déposer dans une tire-lire commune les petits gains occasionnels qu'ils peuvent recueillir. Ce menu détail en dit long sur le système d'éducation mis en vigueur dans cet honnête milieu!

Bref, Messieurs, les trois mères, auxquelles sont allés vos suffrages, ont ensemble donné le jour à trente-huit enfants, dont les vingt-huit survivants leur font ou feront honneur. Votre choix ne s'est donc pas trompé d'adresse, et vous avez, comme il le fallait, rempli les intentions de la fondatrice.

---

(1) A Pulnoy (Meurthe-et-Moselle).

III

C'est au dévouement sans épithète que sont destinés les prix **Lachasse** (100 francs), **Clotilde Humbert** (250 francs) et **Nicolas Humbert** (200 francs). Pour cette année, M. **Durand,** Mme **Jeanjean,** M. **Céleste Pierrot** en sont les titulaires respectifs.

Employé comme manœuvre par la Compagnie des Chemins de fer de l'Est, à Longwy, M. **Charles Durand** (1) vient d'avoir le malheur de perdre sa femme, morte en couches de son treizième enfant. Sur ce nombre, il en reste huit encore au pauvre veuf. Comme l'aînée des filles séjourne auprès d'une grand'mère âgée et malade, c'est sur M. Durand que, en dehors de ses occupations professionnelles, retombent les soins du ménage. Il s'en acquitte du mieux qu'il peut, en y mettant toute son application et tout son bon cœur. Mais il faut avouer que la tâche est rude, et que, d'autre part, le salaire du père n'est — au prix actuel des denrées — qu'une mince ressource pour nourrir tant de bouches. Aussi l'Académie a-t-elle pensé qu'elle devait à tout le moins encourager cet honnête et sérieux ouvrier, en lui accordant un des prix dont elle disposait.

Au troisième étage d'une maison de bonne apparence, Mme **Jeanjean** (2) habite un petit appartement,

---

(1) 23, rue Côte-aux-Poulets, à Longwy-Bas.
(2) 10, rue du Général-Drouot.

très bien tenu. C'est là que, du matin au soir, et même fort avant dans la nuit, elle travaille pour subvenir aux besoins des siens. En effet, ni son mari, condamné depuis deux ans à l'inactivité par une maladie de cœur et par une paralysie partielle, ni sa fille, dont l'état nerveux inspire les plus vives inquiétudes, ne lui sont du moindre secours. Encore si elle pouvait consacrer tout son temps aux tâches de couture, qu'elle exécute pour un important magasin de confections! Mais, les courses nécessaires, les besognes de l'intérieur, et surtout les soins que réclament ses deux malades et qu'elle ne leur a jamais marchandés, la forcent trop souvent à déposer l'aiguille. Aussi son gain est-il des plus modestes. Et cependant, à force d'épargne, elle parvient à faire vivre le ménage; bien plus, elle trouve encore le moyen d'aider ses neveux et nièces dans leurs difficultés, et, le cas échéant, de les recevoir chez elle. Une telle patience, une telle bonté motivent amplement l'attribution d'un prix à qui sait les mettre en pratique.

C'est le 11 septembre 1915 que M. **Céleste Pierrot** (2), guetteur au beffroi de Saint-Epvre, reçut de l'autorité municipale l'ordre de se tenir en permanence au clocher de la basilique : il était chargé de veiller aux signaux avertisseurs des bombardements et de faire, au premier appel, tinter le tocsin sur la ville. M. Pierrot comprit, dans toute sa rigueur, son devoir. Esclave ou mieux prisonnier volontaire de

(1) Beffroi de Saint-Epvre, Nancy.

sa consigne, pendant plus de trois ans il n'est pas une seule fois descendu de son poste aérien, et du 14 octobre 1915 jusqu'au 10 novembre 1918, veille de l'armistice, il n'a pas sonné moins de 590 alertes, dont 218 de nuit. Cette longue claustration à cent pieds du sol, cette attention, toujours sur le qui-vive pour le salut commun, et qui signalait non seulement le danger des projectiles meurtriers, mais encore les moindres lumières suspectes, n'ont pas été sans porter préjudice à la santé de ce brave homme, qui, lui aussi, sut si bien « tenir ». Si les morts pouvaient revenir ici-bas, le légendaire sonneur Jonas, dont l'auteur de *Patrie* a célébré « l'obscur martyre », serait heureux de tendre la main à son confrère de Saint-Epvre, et d'applaudir à la récompense que vous lui décernez aujourd'hui.

IV

La coutumière, l'infatigable libéralité de M. René de Goussaincourt vous a permis, une fois de plus, de rechercher et d'honorer des mérites d'ordre très varié. Votre donateur attitré possède à un haut degré le sens de l'actualité et sait fort heureusement adapter sa générosité aux circonstances; aussi laisse-t-il votre Commission interpréter, dans le sens le plus large, ses intentions, et souscrit-il volontiers aux arrangements qu'elle lui propose.

C'est ainsi que le prix de 300 francs, par lui fondé

pour récompenser la piété filiale, ira, cette année, à une mère qui a réussi, dans les conditions les plus dures, à bien élever une famille de cinq enfants.

Je ne vous raconterai point par le menu la lamentable odyssée de Mme **Veil** (1); je ne vous dirai pas comment — dans un accident tragique — elle perdit un de ses fils, ni comment, chassée de Custines par un mari alcoolique, elle dut, avec sa seconde fille, se réfugier à Nancy, où l'aînée était déjà placée, ni comment enfin, pour reprendre ses deux petits garçons, qu'elle savait maltraités par le père, elle fut forcée de recourir au divorce, qui fut prononcé en sa faveur. Je ne vous décrirai point non plus l'existence de labeur sans répit et de rudes privations à laquelle la famille fut condamnée, ni la gêne aggravée encore par la maladie de la mère, qui, surmenée de travail et de fatigue, fut, pendant plusieurs mois, immobilisée sur son lit de douleur. J'aime mieux — aujourd'hui que l'horizon commence à s'éclaircir — m'arrêter sur un tableau plus riant : les filles, dont la conduite est parfaite, sont toutes deux femmes de chambre dans d'excellentes maisons; les deux garçons sont employés dans une fabrique de chaussures, et l'aîné, que le service militaire va réclamer l'an prochain, rapporte — en bon fils qu'il est — fidèlement son gain à sa mère. Celle-ci partage entre le soin du logis et la culture d'un petit jardin le reste de ses forces assurant de cette façon aux siens un régime plus substantiel. Le prix, que l'Académie

(1) 11, rue Jeannot, Nancy.

attribue, en ce jour, à sa vaillance, ne sera, en regard des épreuves passées, qu'une tardive et bien faible compensation.

C'est encore avec l'agrément de M. de Goussaincourt que votre Commission a pu réunir, sur un même nom, le prix de 100 francs destiné à récompenser le dévouement chez des jeunes gens mineurs, et le prix de 100 francs dévolu à un acte de courage accompli au cours des dernières inondations. Le titulaire de cette double récompense est un mécanicien de dix-neuf ans.

Le 25 décembre 1919, alors que le sol de la prairie de Tomblaine était complètement submergé par la crue de la Meurthe, **René Jack** (1), ayant découvert une barque sur le canal, entreprit, avec l'aide d'un camarade, le ravitaillement de nombreux habitants dont les maisons étaient entourées par les eaux. Vers 11 heures du matin, prévenu que plusieurs personnes, au lieu dit « La Fosse aux Lions », couraient de sérieux dangers, René Jack, sans hésiter, y dirigea son canot. Il était temps : l'eau commençait à gagner le toit d'une baraque en planches, sur lequel deux hommes, deux femmes et une fillette s'étaient réfugiés. René Jack, que son camarade secondait toujours, recueillit et transporta en lieu sûr d'abord deux de ces personnes, et, dans un deuxième voyage, fut assez heureux pour emmener les trois autres. Voilà les faits, tels qu'ils résultent d'un procès-verbal contresigné par notre éminent confrère,

(1) 84, rue Charles III.

M. Henri Mengin, maire de Nancy; je me garderai bien de les affaiblir par un commentaire.

L'attentive bienfaisance de M. de Goussaincourt ne pouvait manquer de mettre en lumière une des formes les plus touchantes du mérite : la longue fidélité de l'ouvrier à son patron ou du serviteur à ses maîtres. Aussi a-t-elle réservé un prix de 100 francs aux médaillés du travail qui auraient donné des preuves marquantes d'un tel dévouement. D'ailleurs, M. de Goussaincourt lui-même, — pour orienter vos recherches — a bien voulu vous *indiquer* un nom. C'est sur ce nom, Messieurs, que vous vous êtes unanimement mis d'accord. En la personne de Mlle **Marie-Rose Marc** (1), vous avez trouvé ou plutôt retrouvé la « servante au grand cœur », telle que les poètes l'ont chantée. Mlle Marc, en effet, n'est pas pour vous une inconnue : en 1904, vous lui décerniez déjà l'un des prix offerts par M. de Goussaincourt. Aujourd'hui vous voulez honorer, une seconde fois, — en cette vénérable nonagénaire — la sollicitude constante, voire l'abnégation absolue, avec laquelle pendant près de soixante-dix ans, elle a, dans la même maison, persévéré dans son humble tâche, au point de refuser tout gage et de continuer, en toute affection, son office auprès de ses maîtres éprouvés par des revers de fortune. C'est encore un des prix de Goussaincourt que vous lui attribuez, en lui renouvelant l'hommage de votre respectueuse déférence.

---

(1) Aux Corvées, par Bouxières-aux-Dames (Meurthe-et-Moselle).

Veuve de guerre, Mme **Chardin** (1), qui, dès la mobilisation, s'était proposée comme auxiliaire bénévole à la Société de Secours aux Blessés militaires, est entrée, en août 1915, à l'hôpital no 3, installé dans notre ville à l'École professionnelle. Elle y donna ses soins intelligents aux typhiques et aux malades. Quand l'hôpital no 3 fut fermé, Mme Chardin fut chargée de multiples suppléances, à l'hôpital de Maxéville, à celui du Bon-Pasteur, à la Cantine de gare, enfin à l'Hôpital Sédillot, où elle fut affectée au service particulièrement dur et périlleux des contagieux, et où elle demeura jusqu'à la signature de la paix. Partout où elle fut appelée, Mme Chardin témoigna d'un beau courage et d'une rare endurance. Nul, mieux qu'elle, n'était qualifié pour recevoir le prix de 200 francs créé par M. de Goussaincourt, et que votre Commission est heureuse de lui donner.

L'Association des Mutilés de guerre a présenté à vos suffrages M. **Paul Caël** (2), ancien soldat au 26e de ligne, aujourd'hui cordonnier à Moyen.

Amputé de la jambe droite, titulaire de deux citations qui lui ont valu médaille militaire et croix de guerre, ce brave, par sa conduite, soit dans le passé, soit dans le présent, est digne de la distinction qu'on sollicite pour lui. Domestique de culture avant la guerre, il s'était fait apprécier comme un honnête et sérieux travailleur; depuis sa rentrée au pays, il a su garder l'estime de tous. Aussi, pour mieux mar-

---

(1) 5, impasse Verdier, boulevard de la Pépinière.
(2) A Moyen (Meurthe-et-Moselle).

quer à M. Caël sa sympathie, votre Commission a-t-elle, avec le consentement du donateur, fondu en un seul deux prix **de Goussaincourt,** le premier affecté spécialement aux blessés ou aux mutilés, le second destiné à récompenser un infirmier militaire. De cette façon, elle a pu arrondir la récompense qu'elle offre de bon cœur à celui qui l'a si bien gagnée.

C'est également l'Association des Mutilés qui a signalé à votre bienveillante attention le nom sur lequel se clôt la liste de vos lauréats.

Femme d'un ouvrier photographe et mère de deux enfants, Mme **Mandras** (1) a recueilli chez elle et soigné, dix-huit mois durant, son frère, soldat au 44e territorial, qui, terriblement blessé le 26 février 1916 sous Verdun, dut être amputé des deux jambes. Elle eût voulu garder toujours auprès d'elle ce cher et glorieux infirme, mais le traitement spécial — par grands bains fréquents, — qu'exigeait l'état du pauvre mutilé motivait son transport à l'Hôtel des Invalides, et, bien à regret, Mme Mandras dut laisser partir celui sur qui elle avait si longtemps et si affectueusement veillé. Ce qui rehausse encore le mérite d'un pareil dévouement, c'est la modestie de son auteur, qui ne semble pas se douter de ce que vaut son acte. Raison de plus pour que votre Commission, comme elle l'avait déjà fait pour M. Caël, ait cru devoir réunir les deux *prix militaires* **René de Goussaincourt** qui restaient disponibles, et n'en faire,

(1) 3, passage Digot, Nancy.

à l'intention de Mme Mandras, qu'une même récompense d'une valeur de 200 francs.

V

Messieurs,

Après cette réconfortante « expérience morale », après cette revue des vertus que nous venons de passer ensemble, permettez à un philosophe... de philosopher un instant, et de se demander à quelle maxime ont obéi les « braves gens » dont les noms sont inscrits sur votre palmarès.

Est-ce au devoir? Ah! certes, ils savent tous qu'ils ont un devoir, et qu'il faut à tout prix l'accomplir. Mais ce devoir, comment le conçoivent-ils? Serait-ce, d'aventure, sur le modèle kantien de l' « impératif catégorique », en d'autres termes d'une loi rigoureusement obligatoire, par cela seul qu'elle est la loi?

Non, Messieurs! cette loi abstraite, impersonnelle, ce commandement absolu, qui exige le respect, mais qui repousse toute affection, c'est peut-être un idéal de penseur; à coup sûr, ce n'est pas, ce ne peut pas être la maxime de ces humbles, qui n'entendent pas grand'chose « à la métaphysique des mœurs ». Pour que la considération du devoir opère sur ces âmes simples, pour qu'elle y devienne vraiment une « idée-force », il faut qu'elle revête une forme qui les puisse émouvoir; il faut, si j'ose m'exprimer ainsi, que le Verbe intérieur de la conscience s'incarne, pour ces âmes, en un *sentiment concret.*

Ce sentiment, qu'on l'appelle, avec l'Apôtre, la Charité, avec l'anonyme auteur de l'*Imitation,* l'Amour, avec certains modernes, l'Altruisme, peu m'importe ! Je répondrai avec le poète de *Faust :* « Le sentiment est tout, le nom n'est qu'un vain bruit, une fumée obscurcissant l'éclat du ciel. »

Aussi bien, la maxime kantienne du devoir pur, — tout comme le paradoxe stoïcien du sage impassible, auquel elle s'apparente, — est une conception contre nature. A supposer qu'on pût la mettre en pratique, elle aurait pour effet immédiat de transformer l'homme en une sorte d'automate, obéissant passivement à la loi, comme le soldat prussien à la consigne : ce serait, en morale, le triomphe du caporalisme ; mais, en revanche, quelle désolante uniformité s'étendrait sur les âmes ! C'en serait fait de toute initiative, de toute originalité, dans l'ordre du bien ; et alors, adieu la délicatesse exquise ! adieu le dévouement ingénieux ! adieu les hautes et belles vertus !

Car enfin, ce ne sont pas seulement les « grandes pensées », ce sont encore et surtout les grandes actions qui « viennent du cœur ».

« Le cœur, a dit un prédicateur célèbre (1), est pour l'épouse et pour la mère le grand maître de la vie. » Laissez-moi reprendre — en l'élargissant — cette

(1) Le R. P. Didon.

parole à mon compte, et dire à mon tour : « Le cœur est *pour tous* le grand maître de la vie », parce qu'il est le grand maître du devoir quotidien, comme du sacrifice sublime, et parce que lui seul peut enseigner à la vertu le secret de la bonne grâce et le prix du sourire.

COMPTE RENDU

DE L'EXERCICE 1920-1921

Par M. Georges HOTTENGER

MEMBRE TITULAIRE

Messieurs,

L'année dont je viens vous rendre compte ne figurera sans doute pas dans les fastes de vos annales car elle restera marquée par la dure nécessité qui vous a imposé, sinon la suspension, du moins la réduction de vos Mémoires, tels qu'ils étaient régulièrement publiés chaque année, depuis plus d'un siècle.

C'est en effet dans votre séance du 4 mars dernier que, sur la proposition de votre Commission des Finances, il vous a fallu décider que jusqu'à nouvel ordre continuerait seule à être publiée *in extenso* la partie officielle de vos Mémoires, c'est-à-dire celle qui, paginée en chiffres romains, reproduit les discours et communications faites en séance publique, le rapport sur les prix de vertu et le rapport annuel. Quant aux Mémoires proprement dits, c'est-à-dire aux travaux de vos membres, dont l'impression, après lecture, a été votée par l'Académie, il ne pourra plus en être fait qu'un exposé sommaire.

Comment faire autrement? Avant la guerre, l'impression de vos Mémoires entraînait une dépense de 2.000 francs à peine. Elle a coûté trois et quatre fois plus en 1919 et 1920. Une grave décision s'imposait : c'est celle que vous avez prise.

Ce n'est là d'ailleurs que la manifestation d'un mal plus général qui affecte toutes les productions de l'esprit. Les publications littéraires, scientifiques, académiques, traversent une crise redoutable et se débattent au milieu des difficultés matérielles de leur impression. Comme les animaux malades de la peste :

Elles ne mouraient pas *toutes,* mais *toutes* étaient frappées.

Toutes ne disparaissent pas, mais toutes doivent subir de douloureuses amputations qui réduisent leur importance, sinon leur valeur. Si à cela on ajoute les circonstances qui viennent maintenant à l'encontre de leur production même, l'attrait que sur les générations nouvelles exercent les besognes utilitaires, au détriment du labeur désintéressé, la nécessité qui trop souvent réduit les loisirs et l'indépendance nécessaires à la vie intellectuelle et aux investigations scientifiques, on peut craindre que ce soit l'esprit lui-même, ou du moins la pensée française, qui se trouve menacée dans son essor et son avenir.

Néanmoins, on peut prévoir que les difficultés matérielles n'auront qu'une durée limitée. Déjà le prix du papier a baissé et il est permis de croire que les frais d'impression ne tarderont pas à diminuer à leur tour. L'intérêt de tous les imprimeurs, maîtres et ouvriers, n'est certes pas d'amener la raréfaction ou la disparition des travaux dont ils vivent : il n'y a pour eux, comme pour toute entreprise industrielle, d'autre condition de prospérité que de travailler beaucoup en produisant à bon marché. L'expérience de ces derniers mois ne prouve-t-elle pas une fois de plus que la surélévation des prix finit toujours par être aussi nuisible aux producteurs qu'aux consommateurs?

En attendant, c'est grâce à la prudence et à la prévoyance de nos aînés que nous avons subsisté comme par le passé, c'est à la sage économie de nos questeurs que nous devons d'avoir publié les deux derniers volumes de nos Mémoires, et que nous pourrons les faire paraître encore en ces prochaines années, bien que sous une forme réduite. Mais malgré les réserves bienfaisantes qui surgirent au moment critique, nous devons appeler de tous nos vœux le jour où, sans retrouver les prix d'avant-guerre, qui hélas! pour notre génération du moins, semblent passés à l'état de légende dorée, nous verrons un équilibre stable se rétablir entre nos ressources normales et la principale de nos dépenses et par le fait même raffermir notre vie académique menacée dans son organe et dans la plus essentielle de ses fonctions.

Combien désirable est la publication intégrale de nos Mémoires, il me suffira, sans recourir au passé, d'en apporter la preuve en énonçant les travaux communiqués à l'Académie au cours de cette année.

Ce fut d'abord M. Tourneur-Aumont qui, à peine élu associé-correspondant, justifia brillamment la confiance que nous avions en sa haute érudition en présentant deux études, l'une sur la *firmitas, qualité du caractère gaulois,* l'autre pour servir d'*introduction à la géographie du pays lorrain.* Au surplus, l'histoire locale a tenu dans les travaux communiqués une place aussi large que de coutume, grâce à MM. Gaston May, Pierre Boyé et Hippolyte Roy. De Paris, M. May s'est une fois de plus rappelé à nous en nous adressant une étude sur *La Curne de sainte Palaye et ses relations avec le roi Stanislas.* En étudiant le rôle de *Stanislas grand-père,* en l'exposant avec la précision, la finesse et le charme qui lui sont coutumiers, M. Boyé s'est affirmé une fois de plus l'historiographe hautement qualifié du prince qui, par le prestige original de sa personne, réussit en quelque mesure à faire oublier à nos ancêtres lorrains la fin de leur indépendance.

M. Roy nous a communiqué de nouveaux fragments de ses recherches sur la *Vie à la Cour des ducs de Lorraine aux XVI*^e^ *et XVII*^e^ *siècles,* dont une une partie, réunies en un volume, vient d'être honorée du prix Prost par l'Académie des Inscriptions et Belles-Lettres, et, faisant succéder la critique à l'histoire, il nous a par la suite présenté un très intéressant rapport sur le concours littéraire ouvert lors du « Congrès des Jeunes » qui s'est réuni en notre ville dans le courant du mois de septembre dernier.

Ce furent enfin MM. Albert Collignon et Bruneau qui nous donnèrent la primeur d'une notice due à leur collaboration, sur les *Vœux du Paon*, poème inédit de huit mille vers qui a pour auteur un Lorrain, Jacques de Longuyon, et date du commencement du XIVe siècle.

L'année qui finit n'a donc pas été stérile et pourtant, Messieurs, je me prends à regretter de ne pas voir figurer une seule fois au programme de nos séances quelqu'une de ces études scientifiques qui longtemps tinrent dans nos Mémoires une place égale aux études littéraires ou historiques. N'est-ce pas méconnaître nos origines et perdre la moitié peut-être de notre raison d'être? Notre fondateur, faut-il le rappeler? tenait à honorer les sciences et leur donnait même le premier rang dans le rôle comme dans le titre qu'il réservait à sa fondation (1). Sans doute le temps a marché, et aujourd'hui l'activité scientifique trouve pour se manifester une foule d'occasions, d'organisations et de publications, qui n'existaient pas alors et qui répondent à la spécialisation de plus en plus nécessaire au progrès. Il n'en est pas moins vrai qu'il y a là pour nous un élément de notre existence, ou tout au moins une tradition, qu'il importe de ne pas laisser disparaître. Nous comptons, pour la maintenir, sur le travail et la science des distingués savants que l'Académie compte parmi ses membres.

C'est précisément le mérite d'une belle carrière scientifique qui nous fait plus vivement ressentir la

---

(1) On sait que la dénomination origine de l'Académie fut « Société royale des Sciences et Belles-Lettres de Nancy. »

perte que l'Académie a faite, au cours de cette année, en la personne de M. le doyen **Floquet.** Il y a plus de vingt-cinq ans qu'elle lui avait ouvert ses rangs, heureuse d'accueillir un Lorrain, que tant de liens attachaient à son pays natal, un mathématicien dont la notoriété était dès lors bien établie, et qui devait, à la vérité, lui donner un précieux concours. Président élu pour l'année 1903-1904, il apporta à l'exercice de ses fonctions ces qualités de tact et d'aménité, de respect du règlement et des traditions, qu'on aime à rencontrer chez l'homme appelé à diriger les travaux d'une assemblée. Par la suite, il ne cessa pas d'être parmi les confrères les plus assidus à nos séances; il était encore là en juillet dernier, à celle qui précéda les vacances, mais bientôt un mal impitoyable allait le clouer sur une couche de douleurs, et, après quelques semaines de souffrances noblement supportées, l'enlever à la sympathie de ses confrères et de ses amis.

Parmi nos membres correspondants, la mort a prélevé son fatal contingent en la personne de MM. Pierre Collesson, Léon de Rosny, René Perrout, Albert Leclère, M. le chanoine Eugène Marin et M. le président Martz.

Une Académie n'a pas pour seul objet le culte des sciences et des lettres, elle s'intéresse à la pratique du bien non moins qu'à la recherche du beau et du vrai. C'est pourquoi vous aviez admis parmi vous Pierre **Collesson**, qui consacrait ses loisirs à bon nombre d'œuvres charitables. Il était au surplus, et depuis longtemps déjà, secrétaire général de la Société de Géographie de l'Est. La dernière fois que nous le vîmes; il venait nous communiquer son rapport sur les prix de vertu. Il ne devait pas lui être donné de le lire en séance publique. Quelques jours après, le mal implacable dont il était déjà atteint le forçait à partir dans le Midi. Il n'en est pas revenu.

M. Léon **de Rosny** a rempli une longue carrière, consacrée surtout à propager, sinon à approfondir, l'étude de l'ethnographie, l'américanisme, l'orientalisme, le japonisme. Il ne m'appartient pas d'apprécier dans quelle mesure cette carrière, avec ses multiples essais, a répondu aux brillantes espérances qu'exprimait le rapport de MM. Guerrier de Dumast, Leupol et Burnouf, lorsqu'il y a plus de cinquante ans, il devint votre associé-correspondant. Du moins, convient-il de rappeler qu'il resta fidèle à votre Compagnie, en lui faisant régulièrement hommage de ses diverses publications.

La disparition de René **Perrout** a été une perte douloureuse pour Épinal, pour la Lorraine et pour les lettres, qu'il réunissait en un même culte à la fois éclairé et passionné, et auxquels il consacra tous les loisirs que lui laissait sa profession d'avocat. Il excellait à faire revivre en historiettes détachées, en contes charmants les traditions des âges passés et les incidents de la vie d'Épinal. Il aimait chanter le cercle harmonieux des collines qui entourent sa ville natale, la douceur de sa Moselle aux flots clairs, mais sa pensée et son cœur ne s'arrêtaient pas aux horizons immédiats, et il savait aussi comprendre et aimer les aspects si divers de notre Lorraine, et en exprimer la beauté et le charme. L'imagination du poète ne faisait pas tort non plus à la conscience de l'historien, et ce n'est pas un passé fantaisiste qu'il s'est appliqué à faire revivre dans les trois volumes de son histoire d'Épinal aux XVIIe et XVIIIe siècles, étude très fouillée, dont le mérite le cède à peine à ses productions purement littéraires telles qu'*Autour de mon Clocher, Promenades sentimentales, Au seuil de l'Alsace, Marius Pilgrin, Goery Coquart,* pour ne citer que les principales. Peut-être nous prendrions-nous à regretter qu'aucun de ses écrits n'ait été réservé à nos Mémoires, si nous ne savions qu'une vieille et étroite amitié en assurait presque le monopole au *Pays Lorrain* de notre confrère Charles Sadoul.

C'est dans des régions intellectuelles bien différentes qu'évoluait l'esprit d'Albert **Leclère,** qui appartenait à la même génération que René Perrout et que nous avons eu le vif regret de perdre peu après lui. Formé à la théorie pure par l'étude de la philosophie, Leclère eut longtemps le culte exclusif des idées abstraites. Parlant de ses premiers écrits, son rapporteur, lors de sa candidature, disait spirituellement : « Ces luttes d'idées se poursuivent dans les régions les plus élevées de la pensée; parfois même, elles nous donnent l'expression étrange et saisissante de ces combats aériens qu'engagent, au-dessus des nuages, des adversaires invisibles, de ces crépitements de mitrailleuses qui se font entendre à des hauteurs que l'œil ne peut atteindre, dans la région des cirrus. » Mais peu à peu, Leclère avait pris pied sur un terrain plus pratique, ou du moins plus accessible. Les questions d'éducation notamment avaient pris pour lui un intérêt croissant. A l'Université de Berne qui l'avait accueilli en 1904, en qualité de *privat-docent,* il contribua heureusement à maintenir notre influence nationale. En ces dernières années, au cours des épreuves de la Grande Guerre, il avait été amené à donner à son rôle une allure plus militante : sous le patronage de notre ambassade, il était devenu l'actif propagandiste des idées françaises en Suisse, en s'appliquant à contrebattre les efforts de la propagande germanique. Son rôle n'avait pas pris fin avec la guerre, et il venait de recevoir, avec la Légion d'honneur, la juste récompense de ses services, lorsque la mort est venue soudain le ravir à l'affection de ses amis, au nombre desquels votre rapporteur était heureux de se compter, depuis les années déjà lointaines d'une commune vie d'étudiants.

Lorsqu'il y a une quinzaine d'années, vous ouvriez vos rangs à M. le chanoine **Marin,** il se recommandait déjà à nos suffrages notamment par une belle thèse de doctorat sur les *Moines de Constantinople,* par sa thèse latine *De Studio, Cœnobio Constantinopolitano,* et par une *Vie de Mgr Midon, évêque d'Osaka.* Professeur au Collège de La Malgrange, obligé de bonne heure par une infirmité cruelle de renoncer à l'enseignement, il n'avait cessé, dans sa retraite, d'accroître son œuvre historique et littéraire, et c'est ainsi qu'à ses premiers ouvrages étaient venus successivement s'ajouter une *Vie de M*gr *Hacquard,* premier évêque de Tombouctou, *Saint Théodore* et *Saint Nicolas* (dans la collection des Saints de Lecoffre); une *Vie et Lettres de Direction de M. l'abbé Mougenot,* sans parler de nombreux articles parus notamment dans la *Semaine religieuse* et le *Correspondant.* Enfin M. le chanoine Marin a écrit une vie de votre éminent confrère le cardinal Mathieu. Ce dernier travail est malheureusement resté inachevé, et nous faisons tous nos vœux pour que les mains pieuses qui en ont recueilli le manuscrit reprennent et mènent à bonne fin l'œuvre interrompue par la mort de l'auteur.

C'est en qualité d'amateur très éclairé des antiquités locales et de numismate érudit que vous aviez accueilli, il y a quelques années, M. le président **Martz,** dont le nom clôt cette liste funèbre. Membre assidu de la Société d'Archéologie lorraine, M. Martz avait réservé à ses goûts de collectionneur et à sa charge de conservateur des Médailles au Musée Lorrain le peu de loisirs que lui laissaient ses fonctions de magistrat, et nous le vîmes rarement parmi nous. L'Académie n'en conserve pas moins le souvenir de sa noble intelligence et de son caractère affable et distingué.

Pour combler les vides ainsi produits, c'est tout d'abord à notre Université lorraine que vous vous êtes adressés, et vous avez élu deux de ses plus distingués professeurs, l'un, M. Henri Vogt, comme membre titulaire, l'autre, M. Laurent, comme associé-correspondant.

Titulaire de la chaire de mathématiques appliquées

depuis vingt-cinq ans et directeur de l'Institut électrotechnique depuis quinze ans, M. **Vogt** méritait, à la fois comme savant distingué, comme professeur émérite et comme excellent administrateur, l'accueil empressé et unanime que vous lui avez fait. Il a reçu la charge de l'Institut électrotechnique alors que celui-ci se trouvait encore à l'état embryonnaire, et c'est grâce à son travail inlassable, à son dévouement sans bornes que cet établissement a atteint un degré de prospérité auquel n'ont pu porter atteinte, ni la concurrence d'autres Instituts semblables, ni les épreuves de la guerre elle-même. Vous parlerai-je du savant? La science que cultive et propage M. Vogt n'est pas de celles qui s'ouvrent et se révèlent sans apprêt aux esprits non initiés; et à un profane tel que moi, les titres seuls de la longue série de publications qui ne constituent, à vrai dire, qu'une partie des états de services de M. Vogt, suffisent à imposer un silence aussi prudent que respectueux. Du moins, avons-nous, dans nos archives, le témoignage d'un juge éminemment qualifié, c'est le rapport que nous présentait le regretté M. Floquet, sur la candidature de M. Vogt, au titre d'associé-correspondant, il y a peu d'années : « Je ne saurais, dit-il, entrer ici dans tous les détails, mais je tiens à déclarer que tous les sujets sont traités de main de maître. Toutes ces publications témoignent, non pas seulement de l'activité scientifique de leur auteur, mais encore de la variété de ses connaissances et de ses talents. Et quand on sait combien est lourde la tâche qu'il remplit à la Faculté, on est émerveillé en le voyant trouver encore le temps de se livrer à des recherches personnelles. »

Si spécial et si élevé que soit leur domaine, les travaux du distingué professeur ne se prêtent-ils pas l'un ou l'autre à quelque effort de haute vulgarisation scientifique qui les mette à la portée de la généralité de ses confrères de l'Académie et du public éclairé, mais non initié? S'il en est ainsi, nous espérons que leur auteur voudra bien, tôt ou tard, répondre à notre appel, en apportant sa précieuse collaboration à nos séances d'abord et à nos Mémoires, au jour prochain, espérons-le, où nous pourrons, de nouveau, les publier sans aucune restriction. Les études scientifiques sont, faut-il le redire? au même titre que les études littéraires, historiques ou philologiques, un élément naturel de la vie académique, en sorte que cette vie resterait pour nous incomplète, si elle se poursuivait sans la participation des savants qui les représentent dans notre Compagnie.

Les titres de M. Joseph **Laurent** ne sont ni moins brillants, ni moins variés que ceux de son collègue de la Faculté des Sciences. Professeur d'histoire à la Faculté des Lettres, ancien maire de Nancy, président de la Société de Secours mutuels d'Alsace-Lorraine, collaborateur actif de l'Alliance française dans notre ville, M. Laurent se trouvait surtout recommandé à vos suffrages par ses études à la fois si savantes et si vivantes sur l'Arménie, à l'époque byzantine et par les deux beaux ouvrages qui les résument : *L'Arménie au IXe siècle* et *La Conquête de l'Asie Mineure au XIe siècle par les Turcs Seld-*

joucides. Seuls, des esprits superficiels pourraient mettre en doute l'intérêt qu'il peut y avoir à tirer de son obscurité naturelle l'histoire de ces pays si éloignés et si peu civilisés, alors qu'il y a encore tant à chercher, tant à écrire, soit sur la Grèce classique, soit sur notre passé national. Mais peut-on oublier le rôle traditionnel qui est celui de la France en ces pays d'Orient? Ce rôle, il importe, aujourd'hui surtout, de le maintenir, sinon de l'étendre, et rien ne peut mieux éclairer notre politique en ces pays que la connaissance des peuples qui les habitent, l'étude de leur histoire et de leur constitution sociale. L'œuvre de M. Laurent désignait de toute façon son auteur à votre choix : elle le recommandera encore au jour prochain sans doute, où vous l'inviterez à prendre rang parmi vous comme membre titulaire.

Comme MM. Vogt et Laurent, M. Charles **Flahault**, que vous avez élu associé-correspondant, appartient à l'Université : il est directeur de l'Institut de botanique de Montpellier. Et s'il n'est pas Lorrain comme eux, il a du moins de nombreuses attaches lorraines, et il ne perd aucune occasion de venir dans notre ville. Ardent pionnier de l'œuvre du reboisement dans les montagnes françaises, il a toujours témoigné une vive sympathie aux forestiers et à l'École forestière. Enfin et surtout, il est en France le représentant attitré de la Phytogéographie, c'est-à-dire de cette partie des sciences naturelles qui recherche et établit les rapports existant entre la végétation et le climat. Il a notamment tracé les grandes lignes d'une géographie botanique générale, comportant un classement des territoires phytogéographiques, une cartographie appliquée à la phytogéographie, enfin, une nomenclature dont il fit admettre les bases dans des congrès internationaux où grâce à lui la science française se trouva brillamment représentée. L'Académie s'est honorée elle-même en s'adjoignant en la personne de M. Flahaut l'un des savants qui font le plus d'honneur à la science de son pays.

En voulant associer comme il convenait l'élection de M. Vogt et celle de M. Laurent, il se trouve que j'ai renversé l'ordre chronologique, et, à la vérité, j'aurais dû commencer par rappeler qu'à la suite de votre séance publique du 27 mai dernier, vous avez élu associés-correspondants MM. le baron **de La Chaise**, Léon **Maujean** et Michel **Thiria**, qui étaient venus représenter l'Académie de Metz. Ces deux derniers comptaient déjà, au temps de l'annexion, parmi les plus dignes représentants de l'esprit français et des traditions lorraines. Quant à M. le baron de La Chaise, aussitôt après la libération, il est venu reprendre la place qu'occupait dès longtemps sa famille au pays de Metz, et là, son activité et son caractère l'ont de suite recommandé aux suffrages de vos confrères messins.

Les relations de confraternel voisinage sont anciennes entre votre Compagnie et l'Académie de Metz. Nous ne pouvons que nous féliciter de les voir ainsi resserrées.

C'est aussi une tradition ancienne, une tradition

aussi vieille que l'Académie elle-même que vous vous trouvez avoir maintenue en accueillant la candidature de M. Louis **Sadoul,** conseiller à la Cour, alors que déjà la cruelle maladie qui devait le conduire au tombeau tenait éloigné de ses fonctions officielles et de ses occupations favorites, M. le président Martz. De tout temps, vous avez aimé pour votre Compagnie la confraternité de ces magistrats distingués qui ont leur jardin secret et savent à leurs heures perdues le cultiver avec talent. M. Louis Sadoul écrit agréablement sous l'inspiration de deux idées maîtresses. Il aime la nature, il aime surtout la forêt vosgienne, au milieu de laquelle il est né, où il a grandi enfant, et où il revient chaque année passer ses vacances et chasser. Il aime non moins sincèrement l'histoire contemporaine de la Lorraine, et, en particulier, celle des villes où il a vécu, Raon-l'Étape, sa ville natale, Bar-le-Duc et Nancy, où il a été magistrat. C'est ainsi que comme écrivain régional, il est devenu le collaborateur régulier de plusieurs publications de notre région : la *Revue cynégétique et canine de l'Est,* la *Revue Mycologique de l'Est,* et surtout le *Pays Lorrain,* dont les lecteurs ont particulièrement goûté ses derniers articles, « Le Tribunal de Bar, il y a cent ans », « Le Barreau à table », « La guerre de 1914 dans les Vosges », « La Vie judiciaire en pays envahi ».

La liste de vos correspondants étrangers ne s'est pas modifiée au cours de cette année, pas plus que durant les années précédentes. Il semble, à vrai dire, que ce soit là une catégorie en voie d'extinction. Il y a un peu plus de cinquante ans, elle atteignit son maximum avec trente-cinq membres; elle en comptait encore vingt-sept il y a trente ans, mais depuis lors, elle n'a fait que diminuer. Quoi d'étonnant à cela, puisqu'elle n'est plus renouvelée! Je ne relève en effet qu'une seule élection depuis vingt-quatre ans, celle de M. James Hyde, en 1913. En sorte qu'aujourd'hui, cette liste ne comprend plus que cinq associés, trois Danois et deux Américains, et, sur les cinq associés, quatre ont été respectivement élus il y a trente ans, quarante-six ans et cinquante-deux ans!

Convient-il de nous désintéresser ainsi, en ce qui nous concerne, des relations intellectuelles entre nations et des avantages qu'elles peuvent avoir pour le renom de notre pays et de notre propre Compagnie? A Dieu ne plaise que je vous convie à regarder de l'autre côté du Rhin pour renforcer notre liste défaillante! Mais l'Allemagne mise à part, n'est-ce pas la généralité des autres pays qui mérite nos sympathies intellectuelles et l'effort de notre propagande scientifique? A vrai dire, de cet oubli, les temps sont un peu cause. C'est surtout à l'occasion des Congrès internationaux que se fait le recrutement des membres étrangers : or, en ces années d'après-guerre, la difficulté des communications, et plus encore la cherté des voyages, ne se prêtent guère à ce genre de manifestations. Du moins, convient-il à chacun de nous de ne pas perdre de vue cette observation et de profiter des relations qui peuvent se présenter à l'étranger pour mettre l'Académie en rapport avec les personnalités qui pourraient l'honorer.

Messieurs, après avoir rendu hommage à la mémoire des disparus et adressé aux nouveaux membres un cordial salut, il me reste à relever les manifestations particulières qui, durant cette année, ont pu faire diversion au cours ordinaire de votre existence académique.

C'est d'abord un vœu par lequel vous vous êtes associés à la Société d'Archéologie Lorraine, pour réclamer la restitution du fonds lorrain indûment détenu aux Archives de Vienne. Ce serait là une œuvre de justice, et aussi d'utilité scientifique, car ces documents revenus parmi nous seraient beaucoup plus accessibles et beaucoup mieux étudiés que sur les bords du Danube. Mais il ne semble pas que ce vœu ait excité beaucoup d'intérêt auprès des Pouvoirs publics, et il est à craindre qu'il s'évanouisse avant d'avoir atteint son but. L'occasion est pourtant unique de faire exécuter une mesure qui intéresse grandement la cause de notre histoire locale.

Un certain nombre de nos membres ont été, au cours de cette année, l'objet de distinctions méritées. Mais leur amour-propre ne se blessera pas sans doute, si, sur ce point, je me borne à redire avec quelle fierté et quelle joie l'Académie a vu conférer à l'un de ses associés-correspondants la plus haute des distinctions militaires. Enfant de Nancy, Lorrain par le cœur et par le sang, M. le maréchal Lyautey a su réunir en sa personne, pour l'honneur de son pays et le plus grand bien de la civilisation, les qualités du guerrier, du diplomate, et celles de l'homme d'affaires, au sens le plus large et le plus élevé du mot. Aussi est-ce avec une émotion constante que l'Académie, dont il fait partie depuis plus de vingt ans, l'a suivi de ses pensées et de ses vœux à Madagascar, au Maroc, partout où l'a appelé sa brillante carrière.

Comme faible témoignage de votre admiration et de votre respectueuse sympathie, vous avez aussitôt décidé de placer votre illustre confrère sur la liste de vos membres titulaires, aux côtés du maréchal Foch.

Vers la fin du mois de mars, le maréchal étant en Lorraine, votre très dévoué confrère, M. Henri Mengin, vous a donné une nouvelle marque de son esprit confraternel, en décidant aussitôt, en sa qualité de maire de la ville, que votre Compagnie serait associée à la municipalité, pour la réception qui allait être faite dans les salons de l'Hôtel de Ville au glorieux enfant de Nancy. Votre président a pu ainsi offrir au maréchal l'hommage des sentiments qui vous animent, à l'unisson de tous les cœurs lorrains, et lui exprimer publiquement vos plus vives félicitations.

J'ai fini, Messieurs, et maintenant il me semble que j'avais tort de commencer par un cri d'alarme. Cette année s'est écoulée aussi normalement que les précédentes, et peut auprès d'elles faire figure dans vos Annales. Pas plus que le passé, le présent ne révèle ni défaillance ni décadence.

Il n'est pas moins vrai que pour l'avenir c'est une

grave menace que la réduction de nos Mémoires, la disparition de la généralité des publications personnelles. C'est un stimulant qui va manquer à notre vie. Il importe d'y veiller en maintenant, malgré tout, dans notre existence, les traditions laborieuses que nous tenons de toutes les générations qui nous ont précédés. L'Académie n'y faillira pas.

LE PROGRÈS
DE L'INTELLIGENCE HUMAINE

Par M. Paul SOURIAU

MEMBRE TITULAIRE

DISCOURS DE RÉCEPTION

Messieurs,

Convié à l'honneur de prendre la parole dans cette séance solennelle, je répondrais bien mal à votre attente si je m'efforçais à vous apporter ici des phrases d'apparat. Dans votre pensée, j'en suis sûr, ce discours de réception n'est pas une épreuve d'éloquence académique à laquelle serait soumis le récipiendaire : c'est une occasion qu'on lui donne d'affirmer publiquement quelque idée qui lui soit chère et qu'il tienne à répandre. Devant un auditoire dont la bienveillance lui est acquise d'avance, devant les confrères qui ont bien voulu l'admettre dans leur compagnie, il peut rester lui-même et parler son langage. Pour moi, Messieurs, professeur de philosophie obstiné, invétéré; passionnément voué à cet enseignement, dont la noble tâche est de tenir vigilante et libre la pensée humaine, je ne crois pouvoir mieux faire qu'en restant pour ainsi dire dans ma fonction. Je voudrais vous faire partager ma conviction, que l'intelligence n'est pas une sorte de faculté fixe et immuable, dont l'homme aurait été doué d'un coup et qu'il n'aurait plus qu'à utiliser de son mieux, mais une faculté variable, perfectible, qui en ce moment même entre manifestement dans une phase de développement exceptionnelle, et dont il dépend de nous d'accélérer encore le progrès. Quelle pensée plus réconfortante et stimulante, si elle est juste, que celle-ci : l'homme devient plus intelligent !

L'intelligence n'est pas notre privilège. Elle semble bien être une des fins auxquelles a tendu la vie, dès son début. Tout être animé, peut-on dire, la possède à quelque degré. En est-il un seul dont toute l'activité puisse s'expliquer par le seul mécanisme de l'instinct et qui ne soit capable de quelque réaction appropriée à des circonstances imprévues? Cette aptitude a été se développant en eux parce qu'elle leur était utile, aussi utile qu'une puissante natalité, qu'une organisation robuste ou que des sens perfectionnés. Ainsi, par une lente et laborieuse évolution, un certain nombre d'espèces animales, de structure très différente, sont arrivées à une réelle intelligence : dans les ganglions nerveux d'une abeille ou d'une fourmi, dans le cerveau d'un corbeau, d'un chien, d'un éléphant, d'un chimpanzé, il est évident qu'il y a de la pensée active. Mais qu'on le remarque : d'une des espèces supérieures à l'autre, la différence de développement mental n'est pas grande; elles s'arrêtent à peu près au même niveau : il semble qu'il y ait là une limite à laquelle l'évolution, dans ses diverses tentatives pour perfectionner l'intelligence animale et quelle que fût la voie dans laquelle elle s'engageait, venait toujours se buter.

Longtemps l'homme a dû rester à ce niveau. Primate supérieur, anthropoïde des plaines, se distinguant seulement des espèces voisines par sa station plus droite et son crâne un peu plus bombé, en somme il restait dans le rang. Par quel coup de fortune en est-il sorti, et a-t-il franchi la limite, d'un tel élan qu'il s'est mis hors cadre? Comment l'évolution, qui agissait si lentement sur les autres espèces, s'est-elle accélérée à ce point dans la nôtre? Il semblerait qu'une faculté nouvelle est apparue. L'intelligence de l'homme actuel ne diffère pas seulement de celle de l'animal par le degré; elle est vraiment d'autre nature; elle ne fonctionne pas de la même manière. Il y a là un fait insolite, qui requiert une explication spéciale.

Ce progrès de l'intelligence humaine ne semble pas s'être fait par transitions insensibles, mais plutôt par mutations brusques, qui chaque fois la portaient à un nouveau plan.

La première, et la plus décisive, doit être attribuée à l'*invention du langage*. Soit un animal dont l'intelligence irait croissant peu à peu, par les causes d'évolution ordinaires, jusqu'au point où il sera capable de se servir de mots, de trouver et de comprendre des procédés d'expression conventionnels : cette invention, produit de son intelligence, la transformera, et lui donnera des possibilités de développement indéfinies. La première espèce qui en arrivera à ce point prendra le pas sur toutes les autres, les dominant de son intelligence souveraine. Dans son Évolution créatrice, mon génial collègue M. Bergson se demande à quelle date nous devons faire remonter l'apparition de l'homme sur la terre, et répond sans hésiter : « Au temps où se fabriquèrent les premières armes, les premiers outils. » Non, dirai-je : bien plutôt au temps où se balbutièrent les premiers mots. Le premier instrument inventé par l'homme, et qui a non seulement manifesté mais vraiment déclanché sa supériorité décisive, c'est la machine à penser, c'est le langage. La différence essentielle entre la bête et l'homme, c'est que l'homme parle, et non la bête. Quand on a découvert, dans des couches géologiques profondes, ces crânes d'êtres primitifs au front bas, aux arcades sourcilières énormes, à la mâchoire proéminente, on s'est demandé si l'on avait affaire à un singe ou à un homme. On se le demande encore. Pour trancher la question, il faudrait savoir si cet être parlait. S'il avait un langage, même rudimentaire, c'était un homme. S'il était muet, quand bien même on eût trouvé mêlées à ses ossements des haches de silex taillé, il n'y a pas à hésiter : ce n'était qu'un singe !

Peut-être pensez-vous, Messieurs, que j'exagère ici l'importance de cette acquisition du langage, et son influence sur le développement intellectuel de notre espèce. Songez-y pourtant! Par le parler, l'homme s'éveille de ce songe intérieur que l'animal n'achève jamais; il ne pense plus seulement en dedans, mais en dehors; il entre en communication mentale avec ses congénères, échange avec eux des idées et en cherche constamment pour le plaisir de les échanger; il se concerte avec eux pour des actions communes, profite de leur expérience, de leurs trouvailles, de leurs inventions. C'est bien un changement de nature qui se produit dans la pensée : d'individuelle elle est devenue collective. Songez encore que sans l'aide du mot nous serions incapables de concevoir nettement une idée abstraite; et c'est dans l'abstrait que se font toutes les hautes opérations de l'intelligence. Une langue bien faite est un trésor d'idées claires tout élaborées, de formes de phrase qui d'elles-mêmes lancent la pensée dans une voie logique. C'est tout cela que l'enfant s'assimile, avec une rapidité stupéfiante, quand il apprend à parler; et nous pouvons assister, en le suivant de près, à ce spectacle merveilleux d'une intelligence humaine se formant en fonction du langage.

Nouvelle mutation, nouveau progrès décisif : l'homme invente l'*écriture*. L'idée de noter graphiquement la parole par des signes conventionnels qui rappellent soit la chose dont on parle, soit le son même des mots est d'une extraordinaire ingéniosité. La difficulté d'obtenir une notation à peu près satisfaisante était grande. Bien des générations humaines s'y sont appliquées. Elles en ont été récompensées plus largement encore qu'elles ne croyaient. Nous qui avons l'usage familier de la lecture et de l'écriture, je ne sais si nous nous rendons assez compte de ce que leur doit notre intelligence. L'écriture enregistre les pensées sous forme nette et fixe; elle permet de les transmettre à toute distance, de les répandre par le monde, de les conserver indéfiniment. Qu'en serait-il de notre culture intellectuelle, de notre littérature, de notre science, de notre vie sociale si nous ne pouvions prendre note de nos observations, de nos réflexions; si nous ne pouvions échanger d'idées qu'à portée de la voix; si les connaissances acquises en une génération ne pouvaient être transmises à l'autre que par tradition orale? Dans la lecture, qui semble quelque chose de passif, quelle perpétuelle excitation de l'esprit; quelle assimilation féconde de la pensée d'autrui! Nous n'exagérons rien en disant que l'invention de l'écriture a fait passer l'humanité à un plan supérieur. Qui pourrait en douter quand on voit à quel niveau se tiennent les races attardées qui ne l'ont pas encore mise à profit? Actuellement, entre le primitif et le civilisé, il y a une ligne de démarcation nette : c'est que les civilisés lisent, et que les primitifs ne lisent pas; et si l'usage courant de l'écriture est le signe distinctif de la supériorité intellectuelle, c'est qu'il en est la cause déterminante.

L'humanité en restera-t-elle là, et désormais n'a-t-elle plus qu'à vivre avec son intelligence acquise, ne pouvant plus espérer que les progrès, insensibles tant ils sont lents, de l'évolution spontanée?

Je ne le crois pas. Je suis même persuadé que déjà

elle est engagée dans une nouvelle phase de transformation et de croissance. Ce mouvement ne date pas de très loin. Pourtant, dès la fin du XVIIIe siècle, il était sensible; quelques esprits supérieurs l'ont aperçu : c'était le premier rayon de lumière, éclairant déjà les cimes. En pleine tourmente révolutionnaire, en 1794, Condorcet, proscrit, caché, près de se livrer à la mort, écrivait cette admirable phrase : « Tout nous dit que nous touchons à l'époque d'une des grandes révolutions de l'espèce humaine. » O le vaillant, le clairvoyant optimisme! Les temps qu'il annonçait sont venus. Brusquement, coup sur coup, les grandes découvertes scientifiques, les grandes inventions mécaniques et industrielles se multiplient, les unes aidant les autres. L'homme capte et met à son service les forces de la nature jusque-là sauvages, forces chimiques, thermiques, magnétiques. Il passe sur la terre à toute vapeur. Son génie est cet esprit subtil dont parlait Empédocle, qui traverse le monde entier de ses rapides pensées.

La conclusion s'impose. Il y a évidence. Qu'on le remarque, ces progrès foudroyants de la science et de l'industrie sont corrélatifs et de même ordre : ils sont très spécialement œuvre d'intelligence. Si l'œuvre est à ce point en progrès, c'est que l'intelligence grandit. Il est manifeste que dans la période contemporaine il y a plus d'esprits cultivés, d'intelligences lucides, de cerveaux entraînés au travail et capables d'un effort puissant qu'il n'y en a jamais eu. Sur toute la terre le niveau intellectuel a monté.

Et ce n'est pas fini. Cela, peut-on dire, ne fait que

commencer. Il y a dans le monument élevé par la science des pierres d'attente. Le génie industriel et mécanique est en pleine activité de production. Visiblement la courbe de progrès n'a aucune tendance à s'infléchir : elle est en pleine phase d'ascension.

Jusqu'où pouvons-nous croire qu'elle montera? Pouvons-nous admettre une humanité de l'avenir, ultra-civilisée, aussi élevée au-dessus de l'homme actuel que celui-ci l'est au-dessus de l'animal? Allons-nous au surhomme?

Je n'en demanderais pas tant. Il n'est pas nécessaire de se figurer l'homme de l'avenir à la manière de Wells, comme un Martien aux tentacules grêles, au cerveau hypertrophié. Pour avoir du génie, il n'est pas nécessaire d'avoir une tête énorme. Le cerveau d'un Victor Hugo, d'un Pasteur, d'un Poincaré suffit. Figurez-vous seulement une race humaine où l'on serait en moyenne aussi intelligent que l'ont été ces hommes-là! Supposez-la munie des méthodes scientifiques et des procédés de calcul, des connaissances en chimie, en physique, en physiologie que l'on aura acquises, du machinisme que l'on aura inventé dans mille ans d'ici : elle pourrait faire de belles choses. N'oublions pas que l'intelligence humaine tend de plus en plus à devenir collective. Ce cerveau prodigieux aux innombrables cellules pensantes travaillant en harmonie, que l'on attribue à l'homme de l'avenir, ce sera celui de l'humanité.

Mais ne nous perdons pas dans ces visions lointaines! Revenons au présent, et demandons-nous quelle attitude nous devons prendre, devant cette évidente transformation de l'humanité contemporaine.

La première chose à faire, c'est de nous y adapter. Certes elle dérange nos habitudes. Couramment vous entendrez dire que la vie actuelle, affairée, trépidante, compliquée, nous impose un trop grand effort d'esprit. Notre paresse rêve d'un retour à la vie simple. Ce retour n'est pas possible. On ne descend pas d'un train en marche. Nous sommes lancés dans un certain sens. Le seul moyen de ne pas souffrir du progrès, c'est d'y adhérer, d'aller résolument dans ses voies, et de l'accélérer encore. Les peuples qui le feront prendront le pas sur les autres; ils établiront leur hégémonie dans le monde. Si nous ne donnons pas l'effort voulu, un autre le donnera, et nous écrasera.

Chacun y peut quelque chose. Dans notre métier, dans notre science, dans notre art, secouons nos routines, mettons-nous au courant des méthodes nouvelles, allons de l'avant!

Outre cela, un effort collectif s'impose. Voici la grande tâche et le devoir national : c'est d'élever, à un niveau intellectuel supérieur, la génération nouvelle. Ne perdons pas de vue que dans les conditions actuelles de la vie sociale, quelle que soit la fonction qu'on exerce, pour y réussir on a moins besoin de muscles vigoureux que d'intelligence. Que nos écoliers jouent, s'ébattent, respirent à pleins poumons, se fassent une santé robuste! Mais cette préoccupation d'éducation physique, très légitime, ne doit pas nous faire oublier la tâche supérieure : former des esprits lucides, informés des choses qu'il faut savoir, exercés à l'effort.

Étendons la culture intellectuelle, encore trop pauvrement et injustement répartie! Qu'il reste au xxe siècle, en France, tant d'illettrés, tant d'esprits incultes, tant de malheureux voués à la médiocrité et qui dans notre société civilisée resteront à l'état primitif, c'est pour nous une honte. Que de forces perdues pour la communauté! Un tel état de choses ne saurait être plus longtemps toléré.

Enfin, songeons que nous avons besoin d'une élite de têtes pensantes, car c'est par elles que se fait le progrès. A nous de la recruter, de la faire sortir de la masse, et de lui donner toutes facilités de développement par une culture intensive. Rien de tout cela ne peut être obtenu sans labeur; mais la tâche n'est-elle pas belle et faite pour tenter les âmes généreuses?

Dirai-je tout mon espoir dans le progrès intellectuel? J'en attends un progrès moral. Tout à l'heure, Messieurs, tandis que je vous entretenais de cet essor prodigieux qu'a pris le génie humain dans la période contemporaine, j'ai senti en vous comme une inquiétude. N'y a-t-il pas d'autres progrès qui seraient infiniment désirables, et dont vous avez remarqué que je ne parlais pas? Que l'humanité devienne plus savante, plus industrieuse, cela ne fait pas question. Mais est-elle pour cela plus heureuse, plus raisonnable, plus morale? On peut en douter. Que d'incohérence dans nos mœurs! Que de distance entre notre idéal de justice et l'état actuel de notre organisation sociale! Quelle survivance en l'homme d'instincts sauvages, qui brusquement peuvent se déchaîner, et le ramener pour un temps à l'état de barbarie! Oui, nous devons l'avouer. L'humanité n'est pas encore arrivée à l'équilibre. Notre intelligence est en avance sur notre raison pratique et notre moralité. Cette pensée pourtant ne doit pas nous ôter notre foi et décourager nos espérances. Elle nous avertit seulement qu'il y a là d'autres problèmes à résoudre, plus urgents encore que les recherches scientifiques ou industrielles auxquelles nous nous sommes trop exclusivement adonnés. Mais ne voit-on pas que déjà cette lacune est aperçue, et que l'effort de la pensée humaine se porte de ce côté? Le progrès intellectuel, à la longue, doit entraîner les autres. Il est impossible de croire qu'une humanité plus intelligente s'attardera indéfiniment à des pratiques absurdes et ne mettra pas plus de raison dans sa conduite. Nos enfants ne doivent pas seulement nous dépasser en intelligence : je veux espérer qu'ils vaudront mieux que nous. D'une génération à l'autre, il ne suffit pas de transmettre la flamme vacillante et toujours près de s'éteindre : il faut la transmettre plus vivace, plus brûlante et plus claire!

RÉPONSE DU PRÉSIDENT

M. Édouard BINET

AU RÉCIPIENDAIRE

M. SOURIAU

Monsieur,

Le hasard a des fantaisies qui parfois sont loin d'être heureuses; vous allez, je le crains, en faire aujourd'hui la fâcheuse expérience. Il n'eût pas manqué, dans notre Compagnie, de penseurs particulièrement qualifiés pour apprécier et mettre en relief le mérite de vos œuvres philosophiques, pour répondre, comme il convient, à l'exposé si intéressant que vous venez de donner de vos idées sur le progrès « de l'intelligence humaine ». Or, le sort a voulu que celui à qui incombe l'honneur de vous accueillir au nom de l'Académie dans cette séance publique, fût un juriste, dont la longue carrière a été consacrée à l'enseignement du droit civil, tâche qui l'a tenu fatalement éloigné des hautes spéculations auxquelles se complaît votre esprit pénétrant.

Qu'il arrive à tout homme, quelque peu cultivé, de philosopher à ses heures, je le sais, mais combien ses pensées sont d'ordinaire loin d'atteindre la profondeur de vos méditations! Il est vrai encore que la science du droit a plus d'un point de contact avec la philosophie, qu'elle a même pour fondement la notion que l'homme est doué d'une intelligence perfectible, d'une conscience plus ou moins développée du juste et de l'injuste, d'une volonté libre qui lui permet de diriger son activité au gré de sa fantaisie; c'est parce qu'il est la cause première de toutes ses actions, à la différence des autres êtres créés qui obéissent aveuglément à des lois fatales ou à de purs instincts, que se justifie la possibilité pour un pouvoir humain, de lui dicter des lois dans un intérêt social supérieur et de sanctionner, le cas échéant, son refus d'y obéir. Puisque l'homme est libre, il est responsable de ses actes. Il n'en reste pas moins que le domaine du juriste et celui du philosophe sont nettement distincts. Ce dernier étudie l'homme en soi, dans son essence intime; il analyse les facultés de l'âme humaine; le juriste n'envisage l'homme qu'au point de vue de ses actes extérieurs, car le pouvoir souverain d'une collectivité ne peut décréter des lois qu'en vue de régler les relations des hommes vivant en société afin de concilier leurs libertés égales, d'assurer à chacun l'exercice sans entraves des facultés naturelles indispensables à sa conservation et à son développement moral et intellectuel. On a dit avec raison que les lois positives avaient pour objet de consacrer l'harmonie des libertés. Le philosophe se meut dans l'abstrait; le jurisconsulte, même quand il édifie les plus hautes théories juridiques, vit fatalement dans le concret; si le pouvoir législatif a le devoir de respecter dans son œuvre les grands principes de morale et de justice éternels, il est contraint aussi dans les lois qu'il édicte, de tenir compte des contingences, des intérêts matériels, des nécessités économiques, de bien des éléments qui n'ont rien de commun avec la philosophie.

Habitué à cette discipline du juriste, qui a occupé ma vie, je me sens vraiment bien incompétent pour porter un jugement éclairé sur l'ensemble de vos travaux. Vous me pardonnerez si le regard que je jette à votre suite sur le tréfonds de l'âme humaine n'a point l'acuïté du vôtre.

La philosophie semble, Monsieur, avoir toujours été l'objet de votre prédilection. Du reste, vous vous disiez tout à l'heure « professeur de philosophie obstiné, invétéré, passionnément voué à un enseignement dont la noble tâche est de tenir vigilante et libre la pensée humaine ». Votre curiosité de psychologue est toujours en éveil; elle s'est affirmée tout particulièrement dans le domaine de l'esthétique; le beau n'affecte pas seulement votre sensibilité, votre intelligence scrutatrice en veut découvrir les éléments rationnels.

Ces tendances naturelles de votre esprit, je les trouve dans cette carrière, déjà longue, que vous avez choisie et poursuivie avec une conscience des plus scrupuleuses et un talent auquel vos élèves et vos auditeurs ont toujours rendu un légitime hommage. Admis à l'École normale supérieure (section des lettres) en 1873, vous en sortiez ayant subi avec succès les épreuves du concours d'agrégation de philosophie, dont vous enseignez d'abord les éléments dans les lycées de Pau et d'Angers, mais rapidement, les Facultés vous ouvrent leurs portes. Vous y débutez comme maître de conférences à la Faculté des Lettres de Lyon; celle de Besançon vous attire ensuite pour vous charger d'un cours de philosophie; dès 1881, vous étiez docteur ès lettres, et bientôt professeur à la Faculté d'Aix, d'où vous vous faites transférer à celle de Lille. C'est enfin Nancy qui vous reçoit en 1893 et qui a eu le privilège de vous fixer. Dans notre Faculté des Lettres, vous succédiez à M. Egger que la Sorbonne venait de nous prendre. Depuis trente ans bientôt, votre parole d'une élégante gravité a initié des générations d'étudiants aux problèmes les plus intéressants de la science dont vous êtes, dans notre Université, le maître autorisé. Le grand public aussi, grâce aux cours que vous lui avez ouverts, a eu l'avantage de recueillir le fruit de vos intimes méditations; sous une forme simple et lumineuse, vous avez réussi à l'intéresser à des questions ardues, lui révélant les découvertes que suscite dans votre intelligence avisée une curiosité ingénieuse. Vous avez bien acquis droit de cité dans notre ville et dans notre haut établissement d'enseignement supérieur. Aussi, la confiance de vos collègues vous a-t-elle appelé en 1919 à présider aux destinées de votre Faculté dont vous êtes devenu le Doyen.

Mais, à côté de votre enseignement oral, votre

œuvre écrite est considérable. Sans parler de nombreux articles sortis de votre plume et dispersés dans les Revues spéciales, je devrai me borner, pour ne point prolonger outre mesure cette séance, à signaler brièvement les ouvrages plus importants que vous avez publiés avec une régularité inlassable; je regrette de n'avoir ni le temps ni les qualités d'esprit nécessaires pour donner une idée plus précise de ces œuvres dont aucune n'a passé inaperçue et que les critiques ont signalées à l'envi à l'attention des penseurs. Deux d'entre elles vous ont mérité les suffrages de l'Académie des Sciences morales et politiques qui les a couronnées, et cette assemblée des juges les plus qualifiés a prouvé en quelle estime elle vous tient, puisqu'elle vous octroyait en 1918 le titre enviable de Correspondant de l'Institut.

C'est votre thèse de doctorat ès lettres qui inaugure la série de vos grands ouvrages. Sous ce titre « Théorie de l'invention », dans un travail d'une pénétrante psychologie, vous étudiez à un point de vue purement technique, aussi minutieusement que possible, le mécanisme de l'invention, c'est-à-dire de ce qu'il y a de plus merveilleux dans l'esprit humain et de ce qui semble aussi le plus réfractaire à toute explication. Dans votre pensée, cette œuvre n'était que la première pierre d'un édifice à élever, une théorie complète de l'art, que vous rêviez de faire sortir de l'ornière où elle s'enlisait, en la dégageant totalement de la pure littérature. Ainsi vous préludiez à ces recherches si riches d'analyse qui désormais allaient avoir pour objet « le beau » sous ses formes les plus diverses, non simplement pour décrire les impressions qu'il éveille en nous, mais pour en analyser les éléments, et tenter d'en concevoir une théorie rationnelle et méthodique.

Vos premiers pas sur ce terrain vous conduisent à l'envisager d'abord sous sa forme la plus humble : en 1889, vous mettez au jour un ouvrage de plus de trois cents pages sur « l'esthétique du mouvement », dont vous précisez nettement le but en ces termes : « Le spectacle des corps en mouvement, dites-vous, nous procure un plaisir esthétique et nous ne nous contentons pas de jouir de ce spectacle quand par hasard la nature nous le fournit; nous aimons à nous en donner la représentation; dans nos propres mouvements, nous cherchons à mettre du rythme et de l'harmonie. Il y a donc un art spécial, dont l'objet est de produire par le moyen du mouvement une impression de beauté... A cet art encore inférieur, parce qu'il est tout empirique, ne pourrait-on donner une méthode? » Voilà à quoi tendent vos efforts et vous étudiez avec une patience, une sagacité, une vigueur scientifique admirables, une multitude de faits familiers, les mouvements ordinaires des animaux et des hommes, pour vous demander à quelles conditions ils peuvent avoir grâce et beauté. Les chapitres de ce livre abondent en observations neuves, notamment ceux dans lesquels vous envisagez le plaisir à la fois physique et moral du mouvement, notre tendance à éviter le plus possible l'effort, ce qui nous procure le plaisir du moindre effort, un des meilleurs stimulants de notre activité; vos essais sur les lois de l'attitude, le rythme naturel des mouvements sont des plus intéressants. Rien n'échappe à vos investigations, pas même la solution de quelques problèmes de gymnastique : vous dictez des règles rationnelles sur l'expression du mouvement, comment il peut produire la grâce. Mais je n'en finirais pas, si je tentais de donner une analyse exacte et complète de votre ouvrage.

J'ai hâte d'en venir à une autre œuvre parue en 1893, et qui vous valut, en 1894, l'un des prix décernés par l'Académie des Sciences morales et politiques. On s'occupait alors beaucoup d'hypnotisme et bien que les phénomènes extraordinaires qu'on lui attribue soient fort loin d'être expliqués, votre esprit curieux se demanda si cette sorte d'extase que produit en nous la contemplation ou l'audition prolongées d'une belle œuvre n'a pas quelque analogie avec ce qu'on est convenu d'appeler l'hypnose. De là votre livre sur *La Suggestion dans l'Art*. Vous y exposez, avec un rare talent d'analyse et de style, les faits puisés tant dans votre expérience personnelle que dans les confidences et jugements des artistes, des musiciens, des poètes; vous aspirez à instituer sur des bases solides toute une psychologie de la suggestion dans les arts, estimant que « si vraiment l'art tire de la suggestion ses effets les plus puissants, son pouvoir sera singulièrement augmenté, quand il en aura pris conscience et osera s'en servir... Les artistes, dites-vous, arriveraient ainsi à obtenir avec un minimum de moyens matériels un maximum d'effets. » Est-ce là une illusion? Je ne sais. En tout cas, vous leur donnez un sage conseil, vous les adjurez de se rendre compte de leur responsabilité morale et les invitez « à se servir du pouvoir dont ils disposent non pour déconcerter l'âme humaine, mais pour l'émouvoir noblement, non pour l'halluciner de songes troublants et fiévreux, mais pour l'élever vers l'idéal ».

Vous me permettrez de me borner à signaler, malgré leurs mérites, des ouvrages de moindre ampleur qui s'inspirent aussi de votre conception de l'esthétique, tels que *L'Imagination de l'artiste* (1901), *La Rêverie esthétique* (1906). Je renonce même à regret à parler d'un petit livre, dont le titre est si attrayant, tout en ressortissant d'un autre ordre d'idées : *Les Conditions du bonheur,* sujet souvent traité sans doute, mais que vous rajeunissez avec talent et que vous présentez sous toutes ses faces. Quelles que soient les théories du philosophe sur ce point, je crains, hélas ! que tout effort humain ne soit bien souvent inefficace pour la réalisation du bonheur devant les coups imparables de la destinée; il n'en reste pas moins que vous examinez avec pénétration les conditions personnelles, familiales et sociales qui nous aident à l'atteindre.

Mais voilà qu'en 1904 paraît sous votre signature une œuvre magistrale, hardie, pourrais-je dire : *La beauté rationnelle.* Elle vous donne même le privilège d'inaugurer la série de prix dus à la libéralité de Charles Lévêque, en vue de récompenser un travail de métaphysique publié dans les quatre dernières années. L'Académie des Sciences morales et politiques avait à attribuer pour la première fois, en 1906, cette récompense qui n'est décernée que tous les quatre ans; votre ouvrage vous permit d'en être le premier bénéficiaire. La suprématie de la raison en matière d'art et de beauté n'avait point été jusque-là fort en honneur; or, vous avez eu le courage de prendre nettement parti contre l'*impressionisme*, de revendiquer même en matière d'esthétique, les droits de la raison. « Le génie, dites-vous, ne confère à l'artiste aucun droit à se soustraire aux lois du bon sens qui sont en même temps celles du bon goût. » Et vous estimez que les émotions, que suscite en nous le beau, « doivent être contrôlées, dirigées, soumises à une règle ». Avec quelle profondeur vous cherchez à tirer du caractère un peu flottant de la notion du beau une définition aussi précise que possible pour en développer ensuite les applications à la beauté sensible, à la beauté intellectuelle, à la beauté morale. En présentant votre ouvrage à ses confrères de l'Institut, M. Brochard faisait sans doute quelques réserves sur la thèse essentielle et je n'en accepte que plus volontiers le jugement qu'il portait sur l'ensemble : « Le livre, disait-il, est d'une belle ordonnance, d'un style à la fois très éloquent et très ferme, rempli de vues ingénieuses, d'exemples frappants, de rapprochements suggestifs. »

J'ai eu le regret d'avoir trop tardivement entre les mains votre dernière grande publication, qui date de 1913, sur l'*Esthétique de la lumière*. C'est un volume de plus de quatre cents pages, enrichi de nombreuses figures démonstratives, dans lequel, poursuivant vos études favorites sur le sentiment du beau, vous vous attachez à l'élément qui semble avoir la primauté dans l'ordre des valeurs esthétiques. Vous décrivez minutieusement les sensations rétiniennes plus ou moins agréables que la lumière nous donne, discernant les impressions d'ordres divers qu'elle peut nous procurer, et recherchez les conditions qui contribuent à lui donner une valeur esthétique. Il n'est pas possible de donner une idée sommaire d'un travail si riche en aperçus variés et où l'on trouve en abondance, à côté de données d'ordre scientifique, les réflexions les plus intéressantes que vous inspirent vos méditations de psychologue; mais dans votre conclusion, une question inquiétante se pose à votre esprit : est-ce que par hasard un pareil travail, fait d'analyse, ne serait pas de nature à porter atteinte à notre faculté d'émotion, à exercer sur elle une action réfrigérante? Ce serait grave; heureusement, votre expérience personnelle vous rassure : si l'habitude de l'analyse peut modifier nos sentiments, leur enlever un peu de leur élan instinctif, dites-vous, en revanche, elle les enrichit, les nuance, leur donne une activité plus souple et plus variée; elle peut contribuer ainsi d'une manière très efficace à notre entraînement esthétique. Vous protestez contre le préjugé qui établit entre la science et le sentiment du beau une sorte d'antagonisme; « l'objet mieux connu devient plus intéressant, plus curieux, il nous fournit une plus riche matière à observation. Nous en discernons mieux les particularités et la beauté spéciale ».

L'esthétique n'est pas le domaine exclusif de vos spéculations philosophiques. Ainsi, tout à l'heure, vous nous avez ouvert d'autres horizons, en affirmant votre foi dans « le progrès de l'intelligence humaine ». Certes, je ne contredirai point toute votre thèse : les grandes découvertes scientifiques, les progrès réalisés dans l'art et l'industrie témoignent de l'activité toujours plus intense et plus fructueuse de l'esprit humain. Votre optimisme vous fait même penser que la courbe du progrès non seulement n'a aucune tendance à s'infléchir, mais qu'elle est en pleine phase d'ascension. J'y consens et j'estime que nous ne verrons jamais le terme des investigations de l'esprit humain; il aura toujours à apprendre, car à chaque échelon de l'échelle sans fin, l'inconnu se dressera devant lui pour aiguiser sa curiosité, et même bien des problèmes sont et resteront hors de son champ d'action.

J'aurais quelques réserves à faire sur certains points de votre doctrine : l'intelligence, dites-vous, n'est pas un privilège de l'homme; tout être animé la possède à quelque degré et il n'en est pas un seul dont toute l'activité puisse s'expliquer par le seul mécanisme de l'instinct. Vous inspirant des doctrines évolutionnistes, vous prétendez que lentement certaines espèces animales sont arrivées à une réelle intelligence. Mais encore devez-vous reconnaître qu'il y a une limite à laquelle l'évolution, malgré les tentatives variées employées à l'effet de perfectionner l'intelligence animale, est toujours venue se buter et que d'une des espèces supérieures à l'autre, la différence de développement mental n'est pas grande. Suivant vous, l'homme a dû rester longtemps à ce niveau et recherchant comment il a pu franchir ce degré d'un tel élan qu'il s'est mis hors cadre, vous êtes amené à dire, « que l'intelligence de l'homme ne diffère pas seulement de celle de l'animal par le degré; elle est vraiment d'autre nature; elle ne fonctionne pas de la même manière ». Cette affirmation me prouve que vous êtes loin du transformisme. Vous assignez à l'homme dans la création une place à part, une place de choix, que jamais les autres espèces animales n'ont pu et ne pourront atteindre.

La suprématie de l'homme, vous l'attribuez d'abord à l'invention du langage; et même, suivant vous, la différence essentielle entre la bête et l'homme, c'est que l'homme parle et non la bête. Puis est venue l'invention de l'écriture, nouveau progrès favorable au développement de l'intelligence humaine. Mais enfin pourquoi le langage est-il le privilège exclusif de l'homme? Pourquoi l'animal, même le mieux doué, n'est-il jamais parvenu à exprimer des pensées de façon analogue? S'il est vrai, comme vous le dites, que le langage soit la *machine à penser*, question que je ne veux point aborder, n'en faut-il pas conclure que la pensée est l'apanage exclusif de l'homme? Sans doute, on ne peut refuser à l'animal un certain degré d'intelligence : ainsi, le chien comprend l'ordre de son maître, il a même une sensibilité assez développée pour s'attacher à lui. Mais de là à dire que la bête ait, à un degré quelconque, la faculté de penser, que ses actes soient la résultante d'une volonté réfléchie et qu'ils ne lui soient pas simplement dictés par ses appétits ou par des sentiments instinctifs, il y a un abîme.

Du moins, je partage complètement votre manière de voir quand vous constatez que les conquêtes de l'intelligence ne suffisent pas pour assurer le bonheur de l'humanité, si le progrès moral ne va de pair avec elles. Le tableau que vous brossez à ce sujet de l'état actuel a des ombres, mais vous voulez croire que le progrès intellectuel, à la longue, entraînera les autres. Je le souhaite, mais n'en suis point assez convaincu pour ne pas dire : oui, travaillons à rendre l'homme plus intelligent, mais cherchons aussi à développer dans son âme le sens des vertus morales et ne négligeons à cet effet aucun des éléments qui peuvent coopérer au succès de cette œuvre capitale pour le bonheur de ceux qui nous suivent dans la vie.

Si vous êtes un philosophe, ce n'est pas à dire, Monsieur, que vous ne consentiez à descendre, quand il en est besoin, des hauteurs où plane votre esprit vers les réalités pratiques. De 1912 à 1919, vous avez fait partie du corps municipal de Nancy, chargé comme adjoint au maire de la direction de l'enseignement dans cette ville, vous avez apporté au service de cette œuvre tout votre dévouement éclairé. Quand les heures sombres sont venues, quand l'ennemi était à nos portes, quand les bombardements terrestres et aériens semaient la ruine et la mort dans notre cité, frappant aveuglément hommes, femmes et enfants, vous avez continué à remplir ponctuellement votre tâche avec le calme du philosophe ; celle-ci s'était singulièrement alourdie cependant, car les écoles de la ville ne furent point épargnées et il fallait songer à protéger le mieux possible nos jeunes écoliers d'un danger toujours suspendu sur leurs têtes; et puis, en 1918, quand un ordre supérieur prescrivit d'évacuer de la ville la plus grande partie de la population scolaire, l'organisation rapide de cet exode et la recherche de refuges appropriés aux besoins matériels et intellectuels de ces enfants et de leurs maîtres, vous créa une source nouvelle de difficultés. Aussi ne fut-ce de la part du Gouvernement qu'un témoignage bien justifié de la reconnaissance qui vous était due, lorsqu'en 1919 il vous conféra la croix de chevalier de la Légion d'honneur. Cette distinction était méritée aussi bien par le professeur que par l'administrateur municipal. L'Académie de Stanislas a partagé à cette occasion la satisfaction de vos concitoyens, comme celle de vos collègues de l'Université et, d'un concert unanime, vos confrères se sont associés aux félicitations chaleureuses que vous a values cet acte de justice.

ALLOCUTION

PRONONCÉE

Par M. Édouard BINET

PRÉSIDENT

LORS DE LA RÉCEPTION FAITE A L'HOTEL DE VILLE DE NANCY

AU

MARÉCHAL LYAUTEY

PAR LA MUNICIPALITÉ

Monsieur le Maréchal,

L'Académie de Stanislas n'a point voulu attendre ce jour pour vous dire toute la joie qu'elle a éprouvée, tout l'honneur qu'elle a senti rejaillir sur elle, en apprenant qu'un de ses membres venait d'être élevé à la plus haute des dignités militaires. Permettez-moi de remercier en son nom M. le maire de Nancy d'avoir eu la délicate attention de faire à notre Compagnie, à laquelle il appartient depuis plus d'un quart de siècle, l'honneur de lui réserver une place spéciale dans la réception toute cordiale que la Cité offre aujourd'hui à un de ses plus glorieux enfants; en associant notre Compagnie à la Municipalité en cette circonstance, dans ce salon de l'Hôtel de Ville, où, de tradition constante, se tiennent les séances solennelles de l'Académie fondée par Stanislas, il m'autorise à saluer, au nom de celle-ci, le nouveau Maréchal, à lui dire encore une fois toute la fierté que nous ressentons de l'honneur qui vient de lui échoir, toute la satisfaction que nous éprouvons à le posséder un instant; il me donne aussi l'occasion de vous exprimer, Monsieur le Maréchal, combien tous vos confrères ont été sensibles à la réponse si cordiale que vous avez daigné faire à l'adresse que l'Académie de Stanislas s'était hâtée de vous envoyer.

Le 1er juin 1900, l'Académie lorraine, sur le désir que vous en aviez manifesté à la suite des suggestions de deux de vos amis, nos regrettés confrères, MM. de Meixmoron de Dombasle et Antoine de Metz-Noblat, vous proclamait, à l'unanimité des suffrages, associé-correspondant national de cette société savante. Vous étiez alors à Madagascar, appelé par la confiance du général Galliéni, lequel vous avait vu à l'œuvre au Tonkin et savait ce qu'il pouvait attendre de votre collaboration active et éclairée; c'est avec ce chef éminent, dont vous vous glorifiez d'être l'élève, que vous avez achevé la conquête de ce nouveau et si important domaine colonial; ce n'était que le prélude de l'action féconde que vous deviez un jour, avec tant de succès, déployer au Maroc.

Mais vos triomphes d'officier colonial ne vous recommandaient pas seuls aux suffrages de notre Compagnie; vous aviez déjà, si je puis m'exprimer ainsi, des titres académiques, qui, plus tard, en 1912, devaient vous ouvrir les portes, sérieusement gardées, de l'Académie Française. Le titre que nous pouvions vous conférer était plus modeste assurément, mais nous savions qu'il aurait un prix particulier pour votre cœur de Lorrain, resté fermement attaché, malgré vos pérégrinations à travers le monde, à la province natale.

En 1891, avait paru dans la *Revue des Deux Mondes,* sans nom d'auteur, une étude sur « le rôle social de l'officier dans le service militaire universel », étude qui fut très remarquée, qui fit sensation au point que le premier des monarques militaires de l'Europe d'alors, n'eut de cesse, a-t-on dit, que de parvenir à percer le voile de l'anonymat qui en célait l'auteur. Or, l'auteur est le chef auquel j'ai le grand honneur d'adresser la parole en ce moment. Ce beau travail dont l'influence devait se faire sentir d'une façon si utile et si durable, nous le devons peut-être à une circonstance fortuite; vous aviez fait, au sortir de l'École d'État-major, vos premières armes en Algérie, séjourné une année entière dans le Sud, lorsqu'en 1882 vous fûtes rappelé en France, pour commander un escadron du 4e régiment de chasseurs à cheval; or, pour vous qui êtes un « assoiffé d'action » (je n'ose employer ici une expression plus caractéristique que je trouve dans une de vos lettres pour dépeindre cet état d'âme), la vie de garnison dans la métropole ne donnait point un aliment suffisant à votre activité. Vos loisirs, vous les employez alors à des études sociales et militaires. De vos réflexions sur les besoins d'une génération nouvelle dont vous connaissiez le goût déjà prononcé pour l' « action rude et féconde » est née la publication à laquelle je fais allusion. Vous avez pensé qu'avec le service obligatoire pour tous, dont le résultat était de faire passer sous les drapeaux toute la jeunesse de la nation, sans distinction de classe, de fortune, de position sociale, de labeur habituel, de la soumettre pendant cette période décisive de la vie à l'empreinte d'un lieutenant, d'un capitaine, d'un colonel, nul n'était plus à même d'exercer une influence sociale utile que le corps des 20.000 officiers qui allait avoir la direction temporaire de ces jeunes hommes. A ce fait nouveau devait répondre un développement du rôle de l'officier, mieux placé que tout autre pour exercer sur ses subordonnés une influence efficace. L'officier, à votre sens, peut être « un merveilleux agent d'action sociale », action qu'il ne s'agit pas d'exercer par des discours ou des conférences, mais par le contact de tous les jours, la confiance affectueuse qu'engendrent la cordialité des rapports et le partage sans atténuation des privations et des fatigues. Et vous donnez à ce sujet aux officiers de sages conseils : s'attacher à connaître directement et individuellement les hommes dont ils ont la charge, leurs antécédents, leurs aptitudes, leur mentalité, ne négliger aucune occasion d'entrer en relations avec eux, gagner leurs cœurs par une sollicitude témoignée à propos, ce qui n'exclut pas une juste sévérité, si le besoin s'en fait sentir. Ainsi le soldat ne rapportera de son temps de service que le souvenir d'une autorité bienfaisante, juste et respectable; l'action de l'officier ainsi comprise et exercée ne peut manquer d'amener, au point de vue social, la pacification des esprits, car l'homme soumis à ce régime deviendra plus réfractaire aux excitations de la haine des classes. L'emprise morale qu'il aura subie ne pourra que le pousser aux sentiments généreux. Si le jour vient, et nous l'avons vu, où il faut faire appel au courage, aux actes héroïques même, bien pauvre serait le chef qui n'aurait au service de son autorité que des moyens répressifs; il faut que son regard, sa parole, son cœur aient su, dès les premières rencontres, trouver le chemin de ces yeux, de ces oreilles, de ces cœurs d'enfants soumis brusquement à l'horreur des luttes modernes où le soldat doit affronter un feu meurtrier lancé d'une distance inconnue par une main invisible. Ce sont vos propres lignes que je reproduis presque textuellement, Monsieur le Maréchal, et les événements de 1914-1918 ont prouvé que vos leçons n'étaient point restées sans écho.

En 1900, la *Revue des Deux Mondes* publiait une nouvelle étude, signée de vous cette fois : « Du rôle colonial de l'armée ». Votre travail s'inspirait d'une expérience acquise des méthodes qui avaient été employées en Indo-Chine, au Tonkin, à Madagascar par le général Galliéni et dont vous deviez faire un peu plus tard une application si heureuse au Maroc. Je ne songe point à analyser une œuvre aussi substantielle; je n'en retiens que ceci : loin de votre pensée est un plaidoyer en faveur du régime militaire aux colonies. Mais pour vous, le soldat peut être à la fois l'agent de la conquête et l'artisan de l'installation économique, comme nous l'avons vu d'ailleurs à Madagascar et au Maroc. Je glane dans votre œuvre quelques idées qui m'ont particulièrement frappé, comme cette définition de l'occupation militaire, et que vous qualifiez « une organisation qui marche », autrement dit : une organisation préparée d'avance et qui est appliquée immédiatement à chaque étape de la conquête; pour vous, une expédition coloniale doit toujours être dirigée par le chef destiné à être le premier administrateur du pays après la conquête.

Telles étaient les œuvres dont en 1900 vous faisiez hommage à notre Académie à l'appui de votre candidature. Depuis lors, vous y avez ajouté un volume : « Dans le Sud de Madagascar (1902) », volume qui pour la plus grande part contient les rapports que vous adressiez alors au général Galliéni; c'est un exposé lumineux et précis de faits, dont Psychari a pu dire que ce sont « des commentaires à la manière de César ».

Citerai-je également cette série, malheureusement incomplète, de « lettres du Tonkin et de Madagascar (1894-1899) » qui fut éditée en deux volumes dans la suite (librairie Armand Colin) et dont on a pu dire avec raison « qu'elles ont leur place marquée comme évangile d'énergie, pour l'éducation des jeunes Français, dans toutes les bibliothèques de nos écoles et lycées et même dans celles de tous les hommes d'action » (1).

Est-ce qu'à l'heure où je parle, les lecteurs de la *Revue des Deux Mondes* n'ont pas le régal d'autres lettres sorties de votre plume en 1893, au cours d'un voyage en Grèce et en Italie, lettres captivantes non seulement par le riche coloris des descriptions des régions que vous parcourez, mais par les observations pleines de finesse sur les mœurs des habitants avec lesquels vous vous trouvez en contact? Là encore, nous retrouvons des idées qui vous sont chères : le 18 juin 1893 vous écrivez d'Italie : « J'ai rencontré un régiment : des colonels rudoyaient des capitaines qui rudoyaient des lieutenants... Elle n'existe donc nulle part, la belle armée de mes rêves, confiante, cordiale et gaie, battant spontanément d'un seul cœur, et que, chez nous surtout, avec les qualités de notre race, il serait si facile de faire, si vite... » Ce que nous avons vu depuis lors ne vous a-t-il pas donné satisfaction? Je l'espère et vos enseignements n'ont pas, que je sache, été superflus.

Voilà votre œuvre littéraire et nul ne s'étonna, Monsieur le Maréchal, quand l'Académie Française, en 1912, vous admit au nombre des immortels.

Au surplus, n'est-ce point une vérité que M. R. Poincaré exprimait un jour dans une lettre rendue publique : « Notre Commissaire général au Maroc est en ce moment, par ses actions, un de nos

(1) *L'Union économique de l'Est.* Revue industrielle et commerciale de la France de l'Est, 15 février 1921.

meilleurs historiens et un de nos plus beaux poètes. »

Aussi, l'Académie de Stanislas a-t-elle senti la nécessité, l'urgence de vous agréger à elle par un lien plus étroit. Dans sa séance du 18 de ce mois, elle a décidé par acclamation de vous ranger dans la catégorie des membres titulaires, ainsi qu'elle l'avait fait, le 8 novembre 1918, pour le maréchal Foch. Il nous a paru qu'il convenait d'honorer d'une faveur spéciale deux chefs que rattachent à notre ville, pour l'un la naissance et l'affection, pour l'autre le souvenir du commandement qu'il y exerçait au moment où la ruée allemande menaçait notre existence nationale. Tous deux, chacun dans votre sphère, vous avez été les artisans de la victoire. Si le maréchal Foch a bouté l'ennemi hors de nos frontières, nous ne devons pas oublier qu'au début de la guerre, quand nous étions seuls, nous reçûmes (j'emprunte vos propres paroles) « l'appoint immédiat des tirailleurs algériens, tunisiens, sénégalais, marocains, que plus tard vinrent les Malgaches et les Indo-Chinois, et que pendant cinq années l'afflux continua sans répit... ». Un tel effort, avez-vous dit, ne fut possible que parce que « des générations d'officiers et de soldats s'étaient, pendant un demi-siècle, sacrifiés dans un labeur patient et obscur, parce que des générations avaient sans relâche mené la rude vie du bled, de tous les bleds, depuis la frontière de Chine jusqu'aux confins du Sahara ». Or, vous avez été l'initiateur, l'entraîneur de tous ces vaillants officiers et soldats, Monsieur le Maréchal. Et puis, n'ai-je pas raison de m'associer aux paroles que prononçait Mgr Duchesne de l'Académie Française, directeur en exercice lors de votre réception officielle dans cette Compagnie, le 8 juillet 1920 : « Par ces hommes, disait-il, la France a été sauvée de la mort; par eux, la vieille France d'Europe a retrouvé ses frontières et ses provinces perdues, son Alsace et sa Lorraine; par eux, la France africaine s'est accrue d'un immense et magnifique empire. »

SOMMAIRE

DES

LECTURES FAITES A L'ACADÉMIE

AU COURS DE SES SÉANCES ORDINAIRES

UN PROBLÈME URBAIN

LOGEMENTS INSALUBRES ET HABITATIONS A BON MARCHÉ

Par M. Ch. GUYOT

SECRÉTAIRE PERPÉTUEL DE L'ACADÉMIE DE STANISLAS

Nécessité de procurer à une partie de la population urbaine, la plus malheureuse et la plus digne d'intérêt, des habitations salubres, au lieu des logements étroits et malsains dans lesquels elle est trop souvent confinée. Exemple pris dans la ville de Nancy, réputée cependant pour ses belles rues, et où sévit dans de nombreux quartiers le « taudis », cette lèpre qu'il faudrait s'efforcer de faire disparaître.

Les moyens légaux ne manquent pas. La loi du 15 février 1902 arme les autorités locales de pouvoirs suffisants pour assurer la protection de la santé publique dans les lieux habités. Toutes les villes de plus de 20.000 âmes sont dotées d'un Bureau d'hygiène, chargé de proposer toutes les mesures à prendre pour l'assainissement des habitations. Le maire peut mettre en demeure les propriétaires d'exécuter les travaux estimés nécessaires; certains locaux peuvent être frappés de l'interdiction d'habitation. A Nancy, la municipalité n'avait pas attendu ces prescriptions du législateur : dès 1879, suivant l'exemple de la ville de Bruxelles, elle avait institué un Bureau d'hygiène, dans les attributions duquel sont toutes les mesures sanitaires prévues par la loi de 1902. Ce Bureau a fonctionné régulièrement et a certainement rendu de grands services; il a obtenu à l'amiable, de nombreux propriétaires, les travaux d'assainissement les plus indispensables. Mais il ne faut pas se dissimuler combien ces résultats sont peu importants en considération des mesures plus radicales qui devraient être prises pour transformer les 9.000 logements ouvriers réputés insalubres par une enquête de 1906.

Le moyen de remplacer ces « taudis » par des logements salubres doit être cherché dans la législation des habitations à bon marché, qui date de 1894 et dont le caractère est de faire surtout appel à l'initiative individuelle, l'État n'intervenant que pour aider les intéressés par divers avantages tels qu'exemption d'impôts, avances de fonds, etc. Déjà à Nancy était créée, dès 1872, la « Société immobilière nancéienne », à l'exemple de la « Société des cités ouvrières de Mulhouse »; elle avait construit, en 1899, plus de deux cents maisons, maisons individuelles vendues à des ouvriers, maisons collectives abritant des familles ouvrières locataires seulement de ces immeubles. Quelques années après était fondé à Nancy le « Foyer lorrain », société anonyme coopérative d'habitations à bon marché, qui a essaimé autour d'elle des filiales dans plusieurs centres ouvriers du département; puis l' « Habitation familiale », recrutée parmi les ouvriers en chaussures de la ville de Nancy. Le but commun de ces coopératives est d'associer les intéressés à l'œuvre commune et de leur faciliter l'accès à la propriété des maisons qu'ils occupent en payant le loyer et l'annuité d'amortissement dès leur acquisition. D'autres ont estimé que la forme de société anonyme était préférable. Ainsi le « Coin du Foyer lorrain », créé en 1910, et, à la même époque, la « Société anonyme des habitations à bon marché de Nancy », celle-ci se limitant à la construction d'habitations collectives destinées à la location simple, dans les conditions de la loi du 12 avril 1906. Toutes ces sociétés étaient en plein essor lorsque est survenue la guerre, qui rend leur tâche beaucoup plus difficile à cause de la crise financière qui les menace, conséquence de l'énorme augmentation du prix des constructions urbaines.

Pour arriver à une prompte solution du problème qui s'impose aujourd'hui avec encore beaucoup plus d'urgence qu'autrefois, ces sociétés ou d'autres similaires devront s'efforcer d'utiliser la loi du 23 décembre 1912, qui donne de grandes facilités pour la construction d'immeubles par les sociétés d'habitations à bon marché, agissant comme intermédiaires des communes intéressées. Cette loi, qui a voulu avec raison éviter les excès d'un « socialisme municipal », ne s'occupe, il est vrai, que des logements pour familles nombreuses, c'est-à-dire de celles qui comptent plus de trois enfants âgés de moins de seize ans; mais cette condition se trouve remplie dans la plupart des familles ouvrières. La commune n'intervient que pour procurer les terrains et accorder des subventions, sous réserve du contrôle que doit exercer le conseil municipal pour le bon emploi des fonds alloués. C'est dans cette voie, bien plutôt que dans l'organisation des « Offices publics » également prévus par la loi de 1912, qu'il faut s'engager à Nancy, en souhaitant que cette législation soit encore étendue davantage et simplifiée, de manière à s'appliquer à toutes les familles de travailleurs.

LES « PREMIÈRES PIERRES »

PLACÉES SUR LA FAÇADE DE MAISONS PARTICULIÈRES EN LORRAINE

Par M. L. GERMAIN DE MAIDY

MEMBRE TITULAIRE

Les inscriptions, nombreuses encore, que l'on remarque, en certaines régions de la Lorraine, sur la façade de maisons particulières, peuvent être divisées en deux grandes séries, qui parfois se pénètrent : 1° sentences, devises, textes divers; 2° textes commémoratifs de la construction, depuis la simple mention de l'année jusqu'à de longues compositions, en vers ou en prose, nommant le fondateur et rappelant les circonstances de l'événement. L'auteur a recueilli quantité de spécimens de ce genre, trop longtemps délaissé, mais dont, depuis quelques années, l'intérêt a été reconnu.

Dans la présente étude, il s'attache plus particulièrement à un fait fort curieux. Souvent l'inscription est sculptée sur une seule pierre, placée quelquefois peu au-dessus du sol, d'autres fois à l'angle de gauche de la maison (c'est alors la « pierre angulaire »), mais plus généralement auprès de la porte, à environ deux mètres de hauteur; la rédaction, qui est très variée, débute d'habitude par une invocation ou un sujet pieux; puis on lit que cette pierre a été posée par... le...; la fin est assez souvent une pensée religieuse. Une idée touchante fait fréquemment poser la pierre par des enfants, même par le plus jeune, comme pour assurer la conservation de la demeure dans la famille.

Or, voici le sujet sur lequel l'auteur appelle l'attention. Certaines de ces inscriptions portent, non pas « cette pierre », mais « cette première pierre ». Ce mot *première* soulève une question. La pierre était-elle préparée à l'avance et bénite en même temps que la première pierre mise à la base des fondations, après quoi on l'aurait réservée en attendant le moment de la placer à l'endroit qu'elle devait occuper définitivement ? Ou bien se trouve-t-on en présence d'une simple formule ?

En tout cas, l'auteur pense qu'il y a là une idée inspirée originairement par la pose de la première pierre des églises, qui est l'objet d'une cérémonie liturgique très émouvante; l'emplacement de cette pierre était parfois indiqué par une inscription mise au-dessus, dans l'intérieur de l'édifice. Les pierres incrustées à l'angle de quelques maisons viennent à l'appui de cette opinion. On connaît d'ailleurs l'importance scripturaire de la pierre de fondement, motif du changement du nom du chef des apôtres par le Christ, et de la pierre « angulaire » (*lapis angularis*), qui est le Christ lui-même. Cette expression « première pierre » inscrite sur des façades de maisons mérite d'être amplement étudiée.

LES

NUANCES A LA MODE AU XVIIe SIÈCLE

Par M. Hippolyte ROY

ASSOCIÉ-CORRESPONDANT

Au peuple, sous Louis XIII, la grisaille de la bure, du droguet ou de la futaine, avec les tons crus de nos campagnardes en belle robe du dimanche; aux grands, dans les hôtels ou dans les manoirs, le reflet des satins, des velours ou des tabis, opposant harmonieusement les couleurs les plus éclatantes, les nuances les plus fugitives. Sur les cottes, les chausses, les pourpoints, les manteaux ou les hongrelines fleurissaient, selon la notation en leurs mémoires des tailleurs et des merciers, les teintes *or, chair, soufre, oignon, pastel, citron, tanné, faisan, castor, chamois, pensée, sylvie, astrée, céladon, aurore, cannelle, minime, lavandé, incarnat, colombin, nacarat, zinzolin, tristamie, fiamette, amarante, isabelle,* « *febve cuitte* », *rose sèche, amourette, feuille-morte, bleu mourant, vert de pré, vert de mer, gris de lin, gris de perle, fleur de pêcher, ventre de biche, incarnadin, couleur de roi, de fer, de plomb, de musc, de pain bis, de cheveux, de racine, de temps perdu*... etc., etc.

Convertissons avec Furetière le *tanné* en brun, le *pastel* en bleu, le *sylvie* en fleur de pêcher, le *cannelle* en brun clair, le *lavandé* en grisâtre, le *colombin* en violacé, le *céladon* en vert tendre, le *nacarat* en rouge vif et clair, le *fiamette* en rouge, ardent comme la flamme, le *zinzolin* en rougeâtre, le *tristamie* en pain bis, le *isabelle* en jaunâtre, le *couleur cheveux* en jaune doré, le *gris de lin* en violacé, comme le *couleur de roi, de prince.* Pourtant le *couleur de temps perdu* reste à nos yeux une énigme, récusant toute identification.

De multiples nuances, au XVIIe siècle, se relevaient en cramoisi par la substitution de la cochenille à la garance, au brésil et autres rouges, sinon, comme pour le jaune, le pastel ou le céladon, par le renforcement, soit au kermès, soit à la cochenille, de la couleur originale. Nous avons trouvé les notations : *or. cramoisi, jaune cramoisi, tanné cramoisi, pastel cramoisi, astrée cramoisi, citron cramoisi, pensée cramoisi, aurore cramoisi, cannelle cramoisi,* etc., etc. Cette même gamme, jadis, se transposait en *écarlate* verte, grise, brune, rosée, pourprée, violette ou autre teinte.

Les couleurs étaient naturelles et végétales, le bleu tiré du pastel, le jaune de la gaude, le rouge du kermès, de la garance ou de la cochenille; le fauve du noyer et le noir de la galle. De ces colorants primitifs le teinturier, dosant avec art ses mélanges, tirera la gamme de ces teintes rares, de ces subtiles nuances si joliment étiquetées. Exemples : le *cannelle* requérait la gaude et la garance, le *chamois* le pastel et la garance, le *feuille-morte* la gaude et la garance, le *minime* le pastel et la garance, le *pensée* le pastel et le kermès, le *rose-sèche* le pastel et la garance, le *ventre de biche* le noyer, le *vert de mer* la gaude et le pastel, le *zinzolin* le pastel et la garance et, en cramoisi, le pastel et la cochenille, etc., etc.

Les nuances, en leur diversité, étaient, il le faut remarquer, obtenues, non par le mélange, comme sur la palette, de leurs composants, mais par superposition, le coupon à teindre requérant, selon sa couleur, deux bains, trois bains, sinon parfois quatre bains. Ainsi, pour les noirs, il fallait donner un « pied » de pastel avant de les garancer, puis de les engaller, et cet exemple démontrera la maîtrise supérieure de ces artisans inconnus tendant, en un effort modeste et tranquille, vers une perfection souvent atteinte.

LES PRIX DE VERTU AU XVIIe SIÈCLE

(1629)

Par M. Hippolyte Roy
ASSOCIÉ-CORRESPONDANT

Comme nos damas, nos andrinoples et nos madapolams, le *blibach* du mercier Henri Philippe empruntait son nom au lieu de sa fabrication, Biberach, sis en Wurtemberg, cercle du Danube. Ainsi se désignait, au XVIIe siècle, une modeste futaine, mentionnée, avec celles de Flandres, de Hollande ou de Venise, au *Dictionnaire* de Savary.

De ce tissu se façonnaient, à la Cour de Lorraine, les robes blanches, octroyées traditionnellement à deux « pauvres filles », le jour de la Notre-Dame, selon un rite emprunté, comme le cérémonial habituel, à la Cour de France. Et la duchesse Nicole, avec une générosité de princesse lointaine, ouvrait à ces rosières de notre bonne ville sa charitable aumonière, accordant à chacune de quoi entrer honnêtement en ménage, savoir, la somme, exactement, « de cent et sept francs », à partager par moitié « pour le dot des deux filles ». Le rythme de ces libéralités, répétées à date fixe, le 25 mars, Annonciation de la Sainte Vierge, avec un montant toujours égal, accuse une de ces fondations, comme en souscrit, de nos jours, un généreux testateur.

A ce geste de son auguste épouse le duc ne pouvait rester indifférent et, avec une émulation touchante et discrète pour le bien, on le voit ajouter à ce pécule une somme ronde de 100 francs, avec indication sur le mémoire de son emploi, « pour eulx maryer ». Ainsi rendait hommage à la vertu un prince, offránt dans sa vie privée le modèle adverse.

M. de Montyon eut donc, au XVIIe siècle, ses devanciers, et les prix de vertu, apanage ordinaire de nos Académies, se décernaient comme à notre époque, avec solennité. Mais la bénédiction donnée à Nancy, en la chapelle castrale de « Monsieur » Saint-Georges, remplaçait, religieusement, le discours moral, quoique pourtant laborieux, usité de nos jours en pareille occurrence, comme le subtil encens des autels le discret parfum, exhalé, sous les Coupoles, par lés fleurs les plus belles et les plus rares de la rhétorique...

UNE MANUFACTURE DE DRAPERIE

A NEUFCHATEAU

(1605)

Par M. Hippolyte ROY

ASSOCIÉ-CORRESPONDANT

Les étoffes dont usaient, au temps de Louis XIII, les belles dames et les brillants seigneurs, provenaient comme il sied, des meilleures fabriques, savoir, pour citer quelques marques, relevées sur les mémoires des merciers, tailleurs ou bonnetiers : la *baye* de Troyes, d'Amiens, d'Auvergne, d'Angleterre, parfois de Flandres; le *bombasin* de Leyde, parfois de Bruges et de Milan; le *camelot* de France, de Naples, de Venise, de Turquie, parfois de Mons et de Florence; le *crêpe* de Bologne, parfois de Tours et de Lyon; le *damas* de Gênes, de Florence, parfois de Lucques et de la Chine; le *drap* d'Espagne, du Berry, de Rouen, de Meaux, parfois des Saptes (près Carcassonne), de Paris, d'Angleterre et, en Lorraine, de Metz et de Saint-Nicolas; la *gaze* de Naples, de Milan et de Bologne; la *panne* de Tours; le *satin* de Gênes, de Florence, parfois de Bruges, de Lucques et de Bologne; la *serge* de Gênes, de Chartres, de Londres, de Milan, de Beauvais, de Florence, de Ségovie, d'Angleterre, parfois de Mons, de Chypre, de Leyde, de Paris, de Nancy, d'Amiens, d'Ascotte (Belgique) et de Châtillon-sur-Seine; le *velours* de Gênes, de Lucques, de Milan, parfois de Tours et de Lyon, etc., etc.

Ce tableau ainsi dressé sera tenu pour exact, quoique plusieurs de ces marques pourraient, même dès ce temps, dissimuler la véritable origine. Des efforts pourtant avaient été tentés, soit en France, soit en Lorraine, pour évincer, au mieux de notre industrie, les fabriques étrangères; ils échouèrent, faute de ne pouvoir concurrencer sur les lieux les firmes depuis longtemps réputées. Neufchâteau, avec sa manufacture, offrirait un exemple typique de ce commun destin.

Par un traité, daté du 4 juillet 1605, le duc Charles III, voulant encourager une naissante fabrique lorraine, avançait une somme de 10.000 francs, remboursable en cinq ans, à Charles Bouant, de Neufchâteau, et à ses associés, pour être érigés « les bastimentz nécessaires » à une manufacture de drap, savoir, une « foulerie », un « desgressoir », une « retonderie » et une « taincturerie ». Exemption de toutes tailles et de toutes aides, sous certaines obligations, celle, notamment, de fournir, annuellement, certaines étoffes, jusques à concurrence de 2.000 francs. Bientôt, nouvelle avance par le duc de 5.000 francs, remboursable, à la Toussaint prochaine, en nature de draps, serges et estamets.

Cependant, la maison Bouant-Cailley, présageant notre moderne réclame, entreprit de « lancer », selon le terme propre à la publicité, la manufacture, créée, un peu imprudemment, sous les auspices du duc Charles III. En 1607, à cet effet, fut à la clientèle des marchands lorrains adressé un prospectus imprimé, énumérant les diverses étoffes fabriquées, avec les prix et les multiples nuances à leur donner, *pensée, castor, fratres, ardoise, moutarde, noisette, feuille morte,* « *febve cuitte* », *amourette,* etc., etc. Aune de Paris, prise comme mesure.

La maison Bouant-Cailley, cependant, périclitait. Il eût fallu, insinuait en un placet le fondateur, une mise de 80.000 francs, de 100.000 francs, sous peine de « cropier ». Bientôt, ce fut le déclin, puis la chute, attestée par le silence des comptes. Ces drapiers de Neufchâteau ne pouvaient songer, opposant leur humble firme à de hautes marques, réunir et évincer, à leur profit, les vieilles fabriques de Meaux, de Rouen, du Berry, de Beauvais, de Milan, de Florence et de Ségovie, où le duc Charles III, lui-même, démentant cette onéreuse entreprise, continuait, comme les grands, à se pourvoir.

A PROPOS D'UN RÉCENT CONGRÈS

LA NATALITÉ ET LE DIVORCE

Par M. L. MICHON

MEMBRE TITULAIRE

La crise de natalité, qui met aujourd'hui en péril l'existence de la France, a été aussi la préoccupation dominante des Romains du temps d'Auguste. Bien que le danger fût moins pressant pour eux que pour nous, puisque leur existence nationale n'était pas alors menacée par les peuples rivaux, ils mirent en jeu pour réaliser la réforme des mœurs, la *cura morum*, des moyens multiples et des procédés financiers infiniment plus puissants que ceux dont nous pouvons disposer aujourd'hui : attribution des successions aux pères de famille, à l'exclusion des célibataires (lois caducaires), attribution préférentielle des magistratures aux pères de famille, honneurs spéciaux, dispense des tutelles aux mères, établissement de nombreuses fondations alimentaires en faveur des enfants pauvres.

Bien que ces moyens aient été appliqués avec suite et avec persévérance pendant plus de deux siècles, ils ne réussirent pas à empêcher la dénationalisation rapide de l'Empire romain. Cet échec semble dû à la conception relâchée que les Romains se faisaient du mariage. Les unions, dissolubles au gré des conjoints, manquaient de la stabilité qui est indispensable à leur fécondité. Il y a là une expérience historique qui a une grande valeur pour le temps présent. Il est à craindre que les moyens compliqués et coûteux qu'on préconise aujourd'hui pour relever la natalité restent comme autrefois impuissants si l'on ne s'applique pas à restaurer dans la loi et dans les mœurs la conception du mariage en principe indissoluble, d'après la loi civile et indépendamment de tout dogme religieux.

LETTRES DE POULLAIN-GRANDPREY
ET DE SES CORRESPONDANTS

Par M. René HARMAND

ASSOCIÉ-CORRESPONDANT

Le travail de M. Harmand a été publié dans les *Annales révolutionnaires* (janvier-juin 1921).

LES NOUVELLES RECHERCHES
SUR LES DEVISES MATRIMONIALES

Par M. GERMAIN DE MAIDY

MEMBRE TITULAIRE

Les *Nouvelles recherches sur les devises matrimoniales* font suite à l'étude que M. L. Germain de Maidy a publiée dans nos *Mémoires* de 1916-1917. Ses opinions ont été l'objet, surtout en ce qui concerne les ducs de Bourgogne, de contradictions qui témoignent de la nouveauté et de l'intérêt du sujet. Aussi, l'auteur apporte-t-il un supplément de preuves à l'appui de sa thèse, et il rassemble un grand nombre de devises qui se réfèrent certainement ou très probablement à des fiançailles et à des mariages. Il s'attache plus particulièrement à la famille de Croy; les multiples devises qu'on lui attribue sont, pour la plupart, personnelles. Enfin, l'auteur parle des devises doubles données à d'anciens ducs de Lorraine et qui ne sont pas authentiques; leur texte et le fait qu'elles ont été imaginées à l'époque de la Renaissance montrent l'usage qui existait alors et qui en a provoqué la création.

LA SOLIDITÉ MORALE (FIRMITAS)

CARACTÈRE NATIONAL DES GAULOIS

(Suivant les *Proprietates Gentium* d'Isidore de Séville (Mon. G. hist., Auct. antiquiss., XI. 389, éd. Mommsen.)

Par M. TOURNEUR-AUMONT
ASSOCIÉ-CORRESPONDANT

---

1. Un petit tableau de géographie humaine a été composé au début du VIIe siècle par Isidore de Séville. Le géographe espagnol y attribue à la Gaule comme mérite national la solidité morale (*firmitas*). L'opuscule et le passage, édités par Th. Mommsen, ne sont pas contestés.

2. L'affirmation d'Isidore surprend, est peu intelligible dans la perspective de l'*histoire* pure, qui, juxtaposant des faits en séries chronologiques, toujours incomplètes, ne peut voir dans l'histoire de la Gaule du IIIe au Ve siècle qu'une suite de catastrophes. Les historiens romantiques comblaient les lacunes par la fantaisie, quelquefois guidés par la passion patriotique ou politique, par la croyance en la supériorité des facultés des hommes primitifs, confondant souvent la race, fait zoologique, avec la langue, fait social (Voir L. FEBVRE, « Histoire et linguistique », *Revue de synthèse historique*, 1911). Plus rigoureuse, l'histoire aujourd'hui s'interdit parfois

d'expliquer. Elle ne peut comprendre le passage des *Proprietates.*

L'*histoire des institutions* apporte une lumière : elle saisit la persistance des coutumes; elle découvre des enchaînements silencieux et, sous les faits, des évolutions profondes.

La *géographie historique* applique de nouvelles méthodes à l'histoire des migrations européennes (Voir F. RATZEL, *Der Ursprung und das Wandern der Völker geographisch betrachtet,* Leipzig 1898-1900). La géographie historique de la Gaule et de la France constate la persistance d'innombrables noms gallo-romains, la force d'assimilation des régions françaises, la fixité du genre de vie fondé sur des traditions agricoles. Elle retrouve le sens du jugement d'Isidore de Séville et le confirme.

3. Le jugement d'Isidore n'est d'ailleurs pas isolé. Sans remonter à la *provincialium superbia* dont s'alarmait Tacite (*Annales,* XV, 12), il faut rappeler l'éloge de la valeur gauloise au IVe siècle par un connaisseur, Ammien Marcellin (XV, 12, et XIX, 6), et le progrès du régionalisme en Gaule au Ve siècle (Zosime, début du Ve siècle, τῶν Ῥωμαίων ἀρχῆς ἀποστῆναι καὶ καθ'ἑαυτον βιοτεύειν).

4. La Gaule franque de Clovis, après les troubles du IIIe au Ve siècle, annonce celle de Jeanne d'Arc après la guerre de Cent ans; celle de Henri IV, après les guerres religieuses, marque un rétablissement spontané de l'ordre moral et de l'ordre public. La « Gaule solide » d'Isidore de Séville doit s'inscrire dans cette série de Frances renaissantes, souvent

décrite. Et cette solidité est déjà l'effet, pour une part, de la robuste constitution rustique de la France.

***

Du jugement de l'ancien géographe espagnol on peut rapprocher celui par lequel Vidal de la Blache, en terminant son *Tableau de la géographie de la France,* affirme aussi que la « solidité » est, malgré tous les troubles passagers, notre marque nationale, un trait permanent dans l' « image de fond » de la France.

LES VŒUX DU PAON

PAR

MM. COLLIGNON et BRUNEAU

ASSOCIÉS-CORRESPONDANTS

MM. Collignon et Bruneau ont communiqué une notice sur les *Vœux du Paon,* poème composé par Jacques de Longuyon dans les premières années du XIVe siècle et qui jouit d'une grande vogue dans ce siècle et au suivant. Le titre est tiré d'un des principaux épisodes racontant comment de nobles chevaliers réunis autour d'Alexandre, roi de Macédoine, formulèrent sur un paon un vœu qui les engageait à accomplir quelque action d'éclat. Ce poème est encore inédit en France, mais simultanément en Suède et en Angleterre on vient d'en entreprendre la publication.

De l'auteur, Jacques de Longuyon, on ne sait rien avec certitude, sinon qu'il est Lorrain, il le dit lui-même expressément :

« Jacques de Longuyon finit ici ses dits qui fut de Lorraine, un très plaisant pays qui, sur le désir de Thibaut, qui de Bar fut natif, rima cette histoire qui est belle et à souhait (1). »

Deux personnages du nom de Jacques de Longuyon sont mentionnés dans des pièces d'archives à la fin du XIIIe siècle et au commencement du XIVe, l'un comme prévôt et l'autre comme doyen rural de la chrétienté de Longuyon. Mais il est peu vraisemblable qu'on doive attribuer à l'un d'eux la composition de ce poème long de plus de 8.000 vers que l'on rapporterait plus volontiers à un trouvère de profession. Quant au Thiébaut auquel les *Vœux du Paon* ont été dédiés, il est établi maintenant que c'est le fils de Thiébaut II, comte de Bar, qui fut évêque de Liége de novembre 1303 au 29 mai 1312, date à laquelle il fut tué à Rome dans une escarmouche contre les Ursins (Orsiniens).

Les *Vœux du Paon* se rattachent au roman d'Alexandre le Grand, dont la vie et les conquêtes ont fourni à l'Europe du Moyen Age la matière d'épopées

---

(1) Jacques de Langhion défine ici ses dis
Qui fu de Loherainne, I moult joieus pays,
Qui au commant Tybaut, qui de Bar fu nays
Rimoia ceste ystoire, qui bel est à devis.

qui racontent beaucoup moins son histoire que sa légende et en font le héros de toutes sortes d'aventures merveilleuses. Le plus important de ces poèmes est le *Roman d'Alexandre* (XIIe siècle), dont les principaux auteurs furent Lambert le Tort, Alexandre de Paris et Pierre de Saint-Cloud. Dans les manuscrits, les *Vœux du Paon* sont copiés soit à la suite du *Roman d'Alexandre*, soit séparément. Le nombre de ces manuscrits est considérable et atteste le grand succès que ce poème obtint en raison de l'intérêt qu'il présentait pour la peinture des mœurs chevaleresques et galantes. Car, sous des noms antiques, c'est le Moyen Age qui s'y retrouvait. Paul Meyer connaissait une trentaine de copies des *Vœux du Paon*. Il fut traduit en néerlandais et en dialecte écossais. Il donna lieu à deux continuations successives, le *Restor* (la restauration) *du Paon*, de Jean Brisebarre de Douai, et le *Parfait du Paon*, de Jean de le Mote. C'est d'après deux manuscrits du XIVe siècle appartenant à la Bibliothèque nationale qu'a été établi le texte des extraits reproduits au cours de la notice qui est ici analysée.

Les principaux héros du poème sont Alexandre, Porus, Cassius le Baudrain, Betis, Cassanius (plusieurs manuscrits des *Vœux du Paon* sont intitulés : le *Roman de Cassanius*). De vaillants guerriers combattent pour l'amour de trois jeunes filles, Fezouair, Ydorus et Adea, assiégées dans la ville d'Ephezon; ils sont payés de retour et finissent par épouser celles qu'ils aiment. C'est ce qu'indique le titre que le poème porte dans certains manuscrits : *Les Vœux du Paon et les accomplissements et le mariage des Pucelles.*

Si l'on y trouve beaucoup de descriptions des batailles et des combats singuliers, une grande partie du poème est remplie par des conversations dont l'objet est surtout l'amour. C'est un roman chevaleresque imprégné de l'esprit courtois et galant en vogue à l'époque où il fut écrit. Il est particulièrement intéressant à ce point de vue, et pour d'autres raisons encore. Ainsi on y rencontre la première mention des vœux prononcés par un chevalier, à la veille de quelque glorieuse entreprise, sur un oiseau noble tel que le paon, le faisan ou l'épervier. Cet usage fut assez répandu au XIVe et au XVe siècle, principalement dans le nord de la France. Plusieurs poèmes le prouvent, entre autres celui qui a pour titre : *les Vœux de l'Épervier,* attribués à Simon de Marville, et on sait que des vœux furent prêtés sur le faisan en 1453 par Philippe le Bon et ses chevaliers lorsqu'ils se préparaient à une croisade contre les Turcs.

Dans le poème de Jacques de Longuyon, se trouve aussi le point de départ d'une tradition qui fut observée jusqu'au commencement du XVIe siècle et inspire de nombreux écrivains et artistes. Là, pour la première fois, se présentent à nous, énumérés dans l'ordre qu'ils garderont désormais, les neuf héros qui furent réputés les types de la vaillance et de l'honneur chevaleresques, les neuf preux. Ce sont trois païens : Hector, Alexandre, César; trois juifs : Josué, David, Judas Macchabée; trois chrétiens : Arthur, Charlemagne, Godefroy de Bouillon. Comme l'époque de la plus grande popularité des neuf preux coïncide avec la découverte des cartes à jouer, il est naturel qu'on ait donné leurs noms aux figures du nouveau jeu. Cinq d'entre eux sont encore représentés sur nos cartes actuelles. Il y eut aussi neuf preuses, mais dont la liste n'a jamais été bien fixée (1).

LA CURNE DE SAINTE-PALAYE

ET SES RELATIONS AVEC STANISLAS

Par M. Gaston MAY

ASSOCIÉ-CORRESPONDANT

Lorsqu'en 1725 le duc de Bourbon arrêta le projet de mariage du jeune roi Louis XV avec Marie Leczinska, fille du roi de Pologne dépossédé, il envoya à Wissembourg, comme agent de liaison entre le futur beau-père du Roi et le ministère français, un ancien officier qui avait servi en Pologne pendant le règne éphémère de Stanislas, le chevalier de Vauchoux, chargé de transmettre à la Cour le résultat des négociations qu'il s'agissait de poursuivre. Mais

(1) Depuis que ces lignes ont été écrites, la *Romania* a annoncé (numéro d'avril-juillet 1921) que M. R. L. Graeme Ritchie a publié dans la collection de la *Scottish Text Society* une partie de la traduction écossaise des *Vœux du Paon* avec le texte du manuscrit français 1265 et une large collection de variantes. La seconde partie paraîtra dans un prochain volume.

comme ce soldat, improvisé diplomate, ne se sentait pas pleinement au fait de cette tâche nouvelle, le ministère jugea nécessaire de lui adjoindre un attaché, spécialement chargé de la correspondance et de la rédaction des dépêches. Cet attaché fut La Curne de Sainte-Palaye, le futur auteur du *Dictionnaire historique de l'ancien langage français*, qui n'était encore qu'à ses débuts dans la carrière de l'érudition. Il n'avait que vingt-sept ans, mais sa réputation de lettré était déjà assez établie, puisque l'année d'avant il avait été, sans avoir encore rien publié, semble-t-il, nommé membre associé de l'Académie des Inscriptions. Il fut donc officiellement commissionné par le ministère des Affaires étrangères, sous le titre de secrétaire du roi de Pologne, en réalité chargé de la correspondance entre Stanislas, la Reine et les ministres, après la conclusion du mariage royal. Il suivit Stanislas à Chambord jusqu'en juin 1726; à cette date, le ministère de Fleury mit fin à sa commission. Durant ce court espace d'à peine dix-huit mois, il avait su mériter la bienveillance du roi de Pologne, qui eût voulu le garder auprès de lui, et qui, devenu duc de Lorraine, n'oublia pas le jeune savant auquel il avait voué des sentiments de reconnaissance et de sincère affection.

Lorsque Stanislas voulut mettre à exécution son projet de fonder une académie à Nancy, c'est avec Sainte-Palaye que le chevalier de Solignac, le futur secrétaire perpétuel de l'Académie lorraine, vient s'entendre à Paris, muni d'une lettre du Roi, du 4 novembre 1750, dans laquelle il sollicitait ses conseils.

L'idée d'une académie fut provisoirement écartée; sur les conseils de Sainte-Palaye, on s'en tint d'abord à l'établissement d'une bibliothèque publique et à la fondation de prix qui devaient être décernés au jugement de deux des Académies de Paris, celle des Sciences et celle des Inscriptions. Mais plus tard, lorsqu'à côté de la Bibliothèque publique fut constituée une société savante qui prit le nom de « Société royale des sciences et belles-lettres de Nancy », Sainte-Palaye sollicite l'honneur d'en faire partie, en même temps que Montesquieu, le président Hénault et Fontenelle. Dans sa réponse, Stanislas exprime à son ancien secrétaire qu'il n'a pas cessé de l'estimer et qu'il conserve un souvenir toujours vivant des heures passées ensemble à Wissembourg. Pareillement, la reine Marie n'oubliait pas le savant qu'elle avait connu à l'aube de sa merveilleuse fortune : c'est à son crédit que Sainte-Palaye dut d'être élu en 1758 à l'Académie française.

Il avait mérité ces bienveillants souvenirs par des services rendus au roi de Pologne, à Wissembourg et à Chambord, dont les documents officiels ne laissent pas apparaître la nature, mais qui n'en sont pas moins réels : on doit croire que Stanislas, conscient de son inexpérience littéraire, utilisa les talents et la bonne volonté de Sainte-Palaye pour se faire une réputation de roi philosophe et écrivain. Ainsi, paraît-il peu probable d'attribuer au roi de Pologne la paternité d'un document fort curieux publié sous son nom et accepté comme une œuvre incontestablement originale : les « Avis salutaires du roi Stanislas à la reine de France, sa fille, au mois d'août 1725 ». Le contraste est frappant entre la langue qu'on fait parler au Roi dans ce morceau d'apparat et les formes de sa correspondanee, antérieure ou postérieure. D'autre part, dans une dépêche adressée par Vauchoux au duc de Bourbon et dont Sainte-Palaye est certainement le rédacteur, on trouve un passage, relatif au sentiment de la princesse Marie en matière de religion, qui est littéralement reproduit dans les Conseils du Roi à sa fille : les « Avis salutaires » et les dépêches à la Cour sont certainement du même auteur. Tout contribue à faire croire que c'est à Sainte-Palaye que Stanislas a eu recours pour mettre en œuvre et en forme sa pensée dans une circonstance aussi solennelle que le mariage de sa fille avec le roi de France, de même que pour d'autres de ses ouvrages il s'adressait à Solignac ou au père de Menoux.

RENÉ ZEILLER

SES ORIGINES ET SES AMITIÉS LORRAINES

Par M. Ch. GUYOT

SECRÉTAIRE PERPÉTUEL DE L'ACADÉMIE DE STANISLAS

Cette communication se trouve insérée *in extenso* dans le présent volume, l'auteur ayant pris à sa charge les frais d'impression.

RENÉ ZEILLER

SES ORIGINES ET SES AMITIÉS LORRAINES

Le 27 novembre 1915, mourait à Paris, après une longue et douloureuse maladie, Charles-René Zeiller, vice-président du Conseil général des Mines, membre de l'Académie des Sciences, commandeur de la Légion d'honneur, le maître de la Paléontologie végétale française.

Depuis 1894, il faisait partie de l'Académie de Stanislas, au titre d'associé-correspondant, et cet enfant de Nancy avait été heureux de renouer ainsi les liens qui l'attachaient à sa patrie lorraine. C'était en même temps un honneur pour notre Compagnie de compter parmi ses membres ce grand savant, cet administrateur éminent, aussi recommandable par sa haute valeur morale que par ses talents de professeur et par les nombreuses publications qui rendaient son nom célèbre, en France et à l'étranger.

Déjà plusieurs notices, émanant de plumes autorisées, ont signalé les mérites de René Zeiller : M. Perrier à l'Académie des Sciences, M. Walckenaër à l'École nationale des Mines, M. Douvillé à la Société géologique de France, enfin M. Gaston Bonnier dans la *Revue générale de Botanique*, ont loué comme il convenait les différents aspects de cette belle intelligence, prématurément éteinte. Il n'était pas inutile cependant qu'une voix lorraine vînt rappeler dans cette Académie les raisons particulières que nous avons de ressentir plus vivement qu'ailleurs une perte irréparable.

Dès 1915, notre confrère René Nicklès s'était chargé de ce soin, désireux de rendre hommage à celui qui avait dirigé sa carrière et qui s'était montré pour lui l'ami bienveillant et sûr que d'anciennes relations familiales lui rendaient encore plus cher. Mais, en 1917, René Nicklès mourait sans avoir pu accomplir la tâche qu'il avait assumée. Ce fut un contemporain de Zeiller, notre excellent et regretté confrère Gaston Floquet, qui accepta d'évoquer son souvenir dans cette Académie. Avec le soin ponctuel qu'il apportait à tous ses travaux, Floquet s'était mis à l'œuvre et avait réuni les documents qu'il estimait nécessaires; il avait même commencé sa rédaction dans une page unique, interrompue au milieu d'une phrase, que sa mort si soudaine ne lui permit pas d'achever.

C'est à moi que revient aujourd'hui, — parce que de tous nos confrères je suis le seul qui puisse se rattacher à René Zeiller par l'âge et par des souvenirs personnels, — la mission d'ajouter quelques traits au tableau si bien tracé dans les notices déjà publiées; et, sans avoir la prétention de reprendre au point de vue scientifique une étude pour laquelle je n'aurais aucune compétence, je dois me borner à signaler d'abord les origines lorraines dont Zeiller aimait à se prévaloir, puis les amitiés qui l'unissaient à plusieurs des membres de notre Compagnie.

Il descendait par sa mère, Laure-Élisabeth Guibal, de l'un des plus éminents artistes qui illustrèrent les règnes de Léopold et de Stanislas, et qui contribuèrent à doter Nancy de ces chefs-d'œuvre dont se pare encore la capitale de la Lorraine. L'histoire de Barthélemy Guibal, trisaïeul de René Zeiller, est bien connue; dans son livre sur Nancy, notre confrère Pfister l'a racontée. Né à Nîmes en 1699, il arriva jeune encore à la cour de Léopold, et fut employé comme sculpteur à la décoration du château de Lunéville. Mais c'est sous le règne de Stanislas que s'épanouirent ses heureuses qualités. Après avoir orné les châteaux éphémères construits par Héré pour le roi de Pologne : Chanteheux, la Malgrange, Commercy, il devint à Nancy l'un des principaux auxiliaires du grand architecte pour les travaux de la place Royale. C'est à lui que fut confiée l'exécution de la statue de Louis XV, détruite en 1792, et les groupes des fontaines de Neptune et d'Amphitrite, heureusement conservés, qui à eux seuls suffiraient à sa gloire. Artiste, probe et désintéressé, il mourut à Lunéville en 1757. Il s'était marié deux fois et de sa seconde femme il laissait de nombreux enfants, dont un fils, Dieudonné (1745-1818), fut avocat au bailliage de Lunéville, puis au tribunal de cette ville, et enfin notaire à la même résidence.

Avec le fils de Dieudonné Guibal, nous arrivons au grand-père de René Zeiller, Charles-François, figure très originale et que des liens nombreux rattachent à l'Académie de Stanislas. Né à Lunéville en 1781, il était admis comme « membre associé » de notre Compagnie en 1818, et s'étant fixé à Nancy en 1831, il devenait en 1833 membre titulaire. C'était un esprit encyclopédique, comme on en rencontrait à cette époque, et la liste de ses productions offertes à l'Académie peut donner une idée de la variété de ses occupations. Il débute en effet par un discours en vers sur l'Éducation, dont une partie nous a été conservée, celle où il stigmatise l'Ignorant. Puis c'est un mémoire, de 1838, sur le système métrique; un autre, de 1844, sur les tangentes au cercle, et, en 1861, la Théorie de l'art du dessin, dont l'Académie vote l'impression. Très dévoué à ses devoirs académiques, il remplit pendant plusieurs années les fonctions de président de la Commission pour l'impression des mémoires, qu'il cède ensuite à Soyer-Willemet. Son ouvrage capital, qu'il soumet à la Compagnie en 1861 et 1862, c'est la « Géologie et paléontologie du département de la Meurthe », dont la partie paléontologique comprend des planches et une liste de fossiles pour chaque terrain depuis le grès bigarré. L'Académie, dont le président était alors Jérôme Nicklès, vote l'impression de cet ouvrage, que complète une carte géologique au 200.000e, la première que nous possédions sur notre région. L'auteur se qualifie : élève de l'École polytechnique en 1800, ancien juge de paix à Nancy, petit-fils du sculpteur des ducs de Lorraine Léopold et Stanislas.

Poète, mathématicien, magistrat, géologue, Charles-François Guibal cultivait aussi avec Godron la botanique; il fut enfin professeur bénévole à l'École des sciences appliquées temporairement organisée dans notre ville avant le rétablissement des Facultés. Il eut certainement une influence très grande sur la formation intellectuelle de son petit-fils : « C'est à lui, — dit René Zeiller dans sa demande d'admission à notre Académie en 1894, — c'est au goût qu'il avait su me communiquer pour l'histoire naturelle, que je dois de m'être consacré plus tard aux études de paléontologie végétale. » Mais ce petit-fils, doué d'une rectitude de jugement et d'une force de volonté peu communes, ne se laissa pas entraîner à disperser ses efforts : comme son grand-père Charles-François, polytechnicien de 1800, comme l'un de ses oncles, Charles-André, qui fut inspecteur général des Ponts et Chaussées (1), et comme son père, ingénieur en chef au même service (2), René Zeiller ne pourra se dispenser d'entrer lui aussi dans la grande École; mais il ne perdra pas son temps à des essais poétiques ni à des conceptions juridiques; il saura de bonne heure se proposer un but unique, la paléontologie, vers lequel il marchera sans dévier. Le goût des sciences naturelles se fit aussi sentir

(1) Né à Lunéville en 1807, mort à Paris en 1887.

(2) Antoine-Jacques-Eugène Zeiller, né à Paris en 1810, mort à Nancy en 1861; descendant d'une famille rhénane qui s'était transportée à Paris après la Révolution.

chez le frère aîné de René, Paul Zeiller (1), qui fut toute sa vie très porté vers la botanique; il était entré à l'École forestière et devait poursuivre sa carrière administrative, lorsque des circonstances extérieures l'obligèrent à abandonner assez vite ses fonctions de garde général; il devint successivement sous-directeur des cristalleries de Baccarat, puis industriel à Lunéville.

René Zeiller avait quatorze ans à peine lorsque son père mourut (2), trop tôt pour qu'il ait pu diriger son fils au moment où ses soins lui eussent été le plus utiles; rien d'étonnant alors à ce que le souvenir des Guibal, son oncle et son grand-père, — du grand-père surtout, — soit resté chez ce jeune homme le plus net et le plus vivant. Il eut de plus le bonheur inappréciable de vivre ces années critiques de l'adolescence auprès de sa mère, dont la tendre affection acheva ce qu'une éducation exclusivement masculine laisse toujours d'incomplet. René lui dut cette aménité de caractère, cette grande courtoisie qui faisaient le charme de ses relations. Mme Zeiller habitait alors, à Nancy, dans la rue Mazagran, au point où fut percée depuis la rue Gambetta, une maison entourée d'un jardin où elle se plaisait à cultiver des

(1) Né à Nancy en 1842, mort à Pau en 1919.

(2) Le père de René Zeiller passa la plus grande partie de sa carrière dans la région de l'Est. C'était l'époque de la construction du chemin de fer de Paris à Strasbourg et du canal de la Marne au Rhin; il s'y employa activement, ainsi que son beau-frère Charles Guibal. Il collabora notamment à la construction du viaduc de Chaumont, à celle du tunnel du canal à Liverdun, ainsi qu'à plusieurs autres ouvrages d'art importants.

roses. Elle avait su grouper autour d'elle de fidèles amitiés, et c'est dans ce milieu d'hommes instruits et de bonne compagnie que le jeune Zeiller, alors externe au lycée, pouvait puiser le goût d'une société polie et d'une bonne tenue morale qui chez lui ne se démentit jamais.

Déjà, dans ces années de lycée, il se montrait tel qu'il devait être pendant toute sa carrière : grand travailleur, intelligence très ouverte et prompte à s'assimiler les matières les plus difficiles. En 1863, j'étais assis sur les mêmes bancs que lui, mais pour mon malheur je n'étais pas externe, et je me souviens de ce camarade d'aspect un peu triste et sévère, — il était encore en deuil de son père, — et des succès qu'il remportait, en sciences et en lettres. En ce temps-là, nous avions avec nous, aux lettres Émile Gallé et Gabriel Thomas, aux sciences Gaston Floquet et un peu plus tard Ernest Bichat, noms qui retentissent ici douloureusement, car ce sont ceux d'hommes éminents à divers titres, que trop tôt nous avons perdus.

Comme diversion aux études mathématiques, René Zeiller suivait alors avec Gallé les excursions de botanique du professeur Godron, l'auteur de la *Flore de Lorraine,* souvent accompagné par son grand-père, qui l'encourageait à lire, comme on disait alors, dans le grand livre de la Nature. Ce fut l'origine de relations très intimes entre Zeiller et le grand artiste lorrain, dont témoignent des lettres (1) qu'ils conti-

(1) Ces lettres nous ont été obligeamment communiquées par Mme Perdrizet, fille d'Émile Gallé. Déjà, peu de temps

nuaient à échanger alors que leurs carrières, également brillantes, les avaient depuis longtemps séparés. Ainsi, en 1898, Gallé envoie à Zeiller une fleur anormale d'*Aceras hercinia*, en le consultant sur les causes d'une monstruosité qu'il ne s'explique pas. En 1900, Zeiller fait hommage à son ancien condisciple d'un exemplaire de ses « Éléments de paléontologie », qu'il vient de publier : « Tu avais, il y a quelques années, témoigné tant d'intérêt aux plantes fossiles, tu leur avais fait tant d'honneur en reproduisant quelques-unes d'entre elles sur tes admirables chefs-d'œuvre, que je me permets de t'adresser le petit volume que je leur ai consacré et qui résume bien succinctement ce que nous savons de plus certain à cet égard... » Le livre porte cette dédicace : « A mon cher et vieil ami Émile Gallé, en souvenir du temps où nous préludions aux plantes de cristal ou de pierre en récoltant ensemble nos jolies orchidées ou fougères nancéiennes. » Gallé s'empresse de le remercier (4 décembre 1900); il se plaît à reporter à son ami le mérite de lui avoir ouvert une échappée sur le monde végétal : « Il me paraît, — ajoute-t-il, — qu'à une époque où l'art se rajeunit par le contact avec les spectacles et les modèles naturels, ceux de la paléontologie sont de nature à fournir des objets

---

après la mort de René Zeiller, notre confrère M. Émile Nicolas avait fait paraître dans un journal de Nancy (*L'Étoile de l'Est,* 12 décembre 1915), une notice biographique dans laquelle il mentionne les relations intimes que conservèrent ces deux amis d'enfance. M. Douvillé s'est inspiré de cette notice, très complète et bien documentée, dans celle qu'il a consacrée à René Zeiller.

d'inspiration à l'artiste, par les caractères grandioses et originaux des espèces... »

Puis, le 12 juin 1902, Gallé ayant annoncé à son ami le mariage de sa fille, Zeiller lui adresse ses félicitations : « ...Combien je suis touché de ton si amical souvenir. Tu m'as déjà gâté jadis avec ce verre ravissant qui me rappelle, avec tes débuts dans l'art que tu as élevé si haut et si profondément transformé, nos bonnes herborisations de Maxéville et du vallon de Champ-le-Bœuf. Tout en gardant notre amour pour la flore, nous en avons l'un et l'autre quelque peu changé depuis lors le mode de manifestation : tu fais fleurir le bois et le cristal, tandis que moi je ne connais plus que les plantes mortes et les espèces éteintes... Symbolisme à part, nos courses d'autrefois me laissent toujours le plus charmant souvenir, et parce que nous étions jeunes, et parce qu'elles me rappellent les débuts de notre bonne amitié. »

Mais en 1863, alors qu'ils étaient encore au lycée, il ne s'agissait pour Zeiller, dans ses excursions avec Gallé sous la direction de Godron, que de très saines distractions à son labeur essentiel, la préparation des examens où les mathématiques jouaient le rôle principal. Très aisément il subissait toutes les épreuves qui le conduisaient à son but : entré en 1865 à l'École polytechnique, il en sort en 1867 avec le n° 1 ; classé dans le service des Mines, c'est encore avec le premier rang qu'il quitte l'École supérieure des Mines en 1870.

Dès lors, pour toujours éloigné de la Lorraine où il ne reviendra plus qu'en passant, il va suivre à

Paris sa brillante carrière, franchissant successivement les degrés de la hiérarchie administrative, et s'élevant par son seul mérite jusqu'au grade éminent de vice-président du Conseil général des Mines, qui faisait de lui le chef dirigeant d'un corps justement honoré, et qui le mettait en situation d'exercer une haute influence au profit de la science et de l'industrie minière française. On a dit (1) quelles furent les étapes de cette vie laborieuse, notamment ces années pendant lesquelles, comme secrétaire du Conseil général des Mines, il était chargé de l'étude des affaires les plus importantes. C'étaient là ses fonctions officielles, auxquelles il consacrait une partie de ses journées; mais le reste de son temps était soigneusement réservé aux recherches scientifiques et à l'élaboration de ces ouvrages de paléontologie végétale qui devaient lui acquérir une si grande renommée.

Nous n'essaierons pas de retracer l'histoire de cette féconde existence : d'autres l'ont fait, bien mieux placés que nous pour en connaître tous les détails. Nous voudrions essayer cependant de faire ressortir, d'après les notices qui lui ont été consacrées, la nature et l'importance des services que Zeiller a rendus à son administration et à la France. En même temps, nous nous proposons d'extraire de sa correspondance, que nous avons eu la bonne fortune de consulter, avec deux de ses amis lorrains, Paul Fliche

---

(1) DOUVILLÉ, *Société géologique de France*. Bulletin, année 1917.

et René Nicklès (1), des épisodes caractéristiques de son œuvre. Nous y verrons notamment comment l'ancien élève du botaniste Godron, utilisant les ressources de ses travaux d'ingénieur des Mines, fut conduit à étendre ses études du règne végétal actuel aux espèces disparues; nous comprendrons aussi comment il put collaborer étroitement aux recherches qui devaient conduire à la découverte de la houille en Lorraine. Enfin, il nous sera permis de noter dans ces lettres intimes les divers événements de la vie familiale de René Zeiller, et d'apprécier le caractère de l'homme, du père de famille, aussi digne de notre admiration que l'étaient le savant et l'administrateur.

Nous ne possédons la correspondance de Zeiller avec Fliche qu'à partir de 1870; mais ils ont dû certainement échanger, antérieurement à cette date, des lettres qui ne nous sont pas parvenues. Dans son rapport sur la candidature de Zeiller à notre Académie (2), Fliche rappelle qu'en août 1864 René Zeiller, adolescent, est venu lui demander d'étudier auprès de lui la flore des hautes Vosges, qu'un séjour de trois ans à Gérardmer, comme garde général des

(1) Mme Fliche a bien voulu, à notre demande, classer et mettre à notre disposition la correspondance de son mari avec René Zeiller; nous lui en sommes profondément reconnaissant. Il s'agit d'une centaine de lettres, dont l'ensemble constitue une source de renseignements qu'on ne pourrait trouver ailleurs. Les lettres à René Nicklès proviennent ou de sa famille ou de la Société Lorraine des Charbonnages réunis, qui nous a obligeamment permis de les consulter, grâce au bienveillant intermédiaire de notre confrère M. Villain, ingénieur en chef des Mines.

(2) Rapport du 9 novembre 1894, signé Bleicher et Gallé, Fliche rapporteur.

forêts à la Commission d'aménagement des Vosges, lui avait rendu familière. Ce fut l'origine de relations qui devinrent dans la suite de plus en plus fréquentes, et, malgré la différence des âges, d'une étroite amitié entre deux hommes bien faits pour se comprendre et s'estimer.

Dès 1871, Zeiller réside à Paris, comme attaché au secrétariat du Conseil général des Mines, puis comme ingénieur du contrôle du chemin de fer d'Orléans, en attendant sa promotion au grade d'ingénieur en chef, qui devait arriver en 1884. Par son mariage, en 1877, il est devenu le beau-frère du philosophe chrétien Léon Ollé-Laprune : union heureuse, parfaitement assortie, d'où allaient naître cinq enfants, objet de la sollicitude constante de parents qui comprenaient dans le sens le plus élevé leurs devoirs pour l'éducation intellectuelle et morale de cette belle famille.

Pendant les premières années, la correspondance avec Fliche est presque exclusivement relative à des études de plantes vivantes, à des échanges d'échantillons d'herbiers. Ainsi, Zeiller mentionne plusieurs fois des récoltes d'*Isoetes*, qu'il a faites en Alsace et sur le lac de Longemer; il s'intéresse à la découverte du *Goodyera repens* faite par Fliche à Dommartemont. Mais, dès 1879 il avoue qu'il n'a plus que peu de temps à consacrer aux plantes vivantes; en 1885, il constate avec regret qu'il ne s'en occupe plus du tout (1). Les plantes fossiles absor-

(1) Avec Paul Zeiller, frère de René, Fliche a continué plus

bent de plus en plus son attention, et notamment celles des terrains houillers, que ses fonctions d'ingénieur des Mines l'obligent d'étudier fréquemment. Ce sont d'abord des empreintes recueillies par Grand'-Eury (1) à La Grand'Combe, puis d'autres collections qui lui arrivent de toutes les contrées du globe, et qui sont l'objet de ses déterminations à son laboratoire de l'École des Mines, où il passe régulièrement une partie de ses journées. Il professe à cette école la paléobotanique; il publiera dans un livre magistral le résumé de son enseignement.

---

longtemps de correspondre sur des sujets exclusivement botaniques. De Baccarat, de Lunéville, de Cannes, Paul Zeiller adresse à Fliche, depuis 1874 jusqu'en 1902, des envois fréquents de végétaux, principalement de résineux; il reçoit en échange les publications de Fliche, qui lui demande des renseignements sur son grand-père Guibal, des détails sur ses voyages en Italie, etc.

(1) M. Grand'Eury (Cyrille), ingénieur civil des Mines, originaire de Vézelise (Meurthe-et-Moselle), auteur de la « Flore carbonifère du département de la Loire et du Centre de la France », fut élu en 1877 associé-correspondant de l'Académie de Stanislas. Un passage de la notice de M. Douvillé, mentionnée ci-dessus, montre bien l'importance des services que, grâce à la paléontologie, il put rendre à l'exploitation des mines de houille, ainsi que la nature de ses rapports avec René Zeiller. C'est par suite de la détermination d'empreintes végétales soumises par Grand'Eury à Zeiller que des sondages, entrepris à La Grand'Combe, dont on désespérait d'obtenir un résultat utile, furent continués et aboutirent à la rencontre de belles couches de houille exploitables. On verra plus loin l'analogie entre la découverte de la houille en Lorraine due à René Nicklès et cet épisode de La Grand'-Combe fondé sur les observations de Zeiller et de Grand'Eury. Il convenait de rappeler ici le nom de ce savant modeste, qui vivait retiré depuis sa retraite à Malzéville près Nancy, et dont la haute valeur scientifique était bien connue de ses contemporains.

Pareillement, Paul Fliche, botaniste par ses fonctions de professeur à l'École forestière, principalement occupé à des travaux de pure botanique, tels que des éditions nouvelles de la flore de Lorraine de Godron (1), et de la flore forestière de Mathieu, est amené à s'intéresser de plus en plus à des espèces végétales disparues. Dès 1875, il publie, seul ou avec Bleicher (2), des notes sur des sujets de paléontologie, et ses travaux de ce genre deviennent de plus en plus fréquents. René Zeiller lui fait part de toutes ses découvertes, l'invite à venir les étudier avec lui; et, au cours de leur correspondance, nous voyons apparaître les noms de collaborateurs tels que Fabre, forestier éminent, créateur de l'observatoire de l'Aigoual, et que notre confrère M. Ch. Flahault, directeur de l'Institut de botanique de Montpellier. Un des derniers ouvrages de Fliche, et non le moins impor-

(1) En collaboration avec M. Le Monnier, 1883.

(2) M. Bleicher (Gustave), né à Colmar en 1838, fut élu en 1877 membre titulaire de l'Académie de Stanislas, sur le rapport de Godron, qui fait valoir ses titres nombreux aux suffrages de la Compagnie. Docteur en médecine et en sciences naturelles, il était déjà connu par la curieuse relation d'un voyage qu'il avait fait en 1874 au Maroc, en qualité de médecin militaire, accompagnant de Tanger à Méquinez le ministre plénipotentiaire Tissot. Il avait de plus publié des recherches d'archéologie préhistorique, de géographie botanique, enfin de géologie et de paléontologie sur la faune et la flore fossiles de la région sud et sud-ouest du Plateau Central. Venu à Nancy comme professeur à l'École supérieure de pharmacie, dont il devint ensuite directeur, il était intimement lié avec Fliche et associé à ses travaux. Bleicher mourut assassiné en 1901, victime de la vengeance d'un pharmacien qu'il avait dû rappeler au respect de ses obligations professionnelles.

tant, est la « Flore du Trias », dont le dernier chapitre, laissé inachevé lorsqu'il mourut, fut terminé par les soins de son ami (1).

Très cordiales dès le début, les relations de Zeiller et de Fliche devinrent ensuite toujours plus intimes et affectueuses. Dans leur correspondance, il n'est pas seulement question de travaux scientifiques; ce sont aussi les incidents divers de leur existence et de leur vie familiale qui s'y trouvent relatés fréquemment. Zeiller écrit le plus souvent ses lettres de Paris, mais également, surtout à l'époque des vacances, au cours des déplacements qu'il lui est permis de faire avec les siens. Il partage, autant que possible, ces jours de liberté entre la Lorraine, Nancy et Lunéville, et Jurançon, près de Pau, où Mme Zeiller retrouve ses parents. Puis, quand les enfants grandissent, ce sont des séjours en Suisse; plus tard encore, après le mariage de ses filles, des visites aux jeunes ménages. Mais les exigences administratives ne permettent pas des absences de bien longue durée. C'est d'ordinaire à Paris, que Zeiller donne ses rendez-vous, au Muséum ou à l'École des Mines. Il fixe habituellement non seulement le jour, mais aussi l'heure précise où Fliche doit venir le trouver et où ils pourront

(1) Ce ne fut pas sans hésitations que Zeiller se décida, sur la demande de Mme Fliche, à rédiger la conclusion de ce travail. Dans une lettre, du 26 septembre 1909, qu'il adresse à M. Guinier, successeur de Fliche à la chaire de botanique et actuellement directeur de l'École forestière, il expose ses scrupules, sa crainte de se substituer à l'auteur au risque d'aller contre sa pensée... Toutefois, l'ouvrage parut, ainsi complété, en 1909.

travailler ensemble. Presque toujours la lettre se termine par l'invitation de partager ensuite le repas de famille, où les deux amis s'entretiendront plus librement.

Les voyages de Fliche à Paris se renouvellent assez souvent. Dans l'intervalle, il donne régulièrement à Zeiller des nouvelles de sa mère, dont la santé est devenue vers 1897 très précaire. « Je vous remercie — dit une lettre de cette époque (25 décembre 1897) — des nouvelles détaillées que vous me donnez de ma mère et de la sollicitude avec laquelle vous allez la voir. » Et plus tard, après la mort de Mme Zeiller : « Nous gardons un souvenir profondément reconnaissant de ce que vous avez fait pour elle et de l'affection dont vous l'avez entourée pendant ces dernières années, si tristes pour elle et pour ceux qui l'aimaient » (9 décembre 1900).

L'éducation de ses enfants était pour René Zeiller l'objet de soins assidus. Il parle souvent de son fils, qui dans une autre carrière devait se montrer digne du nom paternel (1). Il note, dès l'enfance, les diverses phases de ses études, et ensuite ses succès universitaires. « Je suis assez pris maintenant (9 octobre 1888), par le Conseil des Mines d'une part, et par l'obligation d'autre part de conduire chaque matin mon petit Jacques à Louis-le-Grand. Je passe à l'École (des Mines) le temps que dure sa classe,

(1) M. Jacques Zeiller, qui a été professeur d'histoire de l'antiquité grecque et latine à l'Université de Fribourg (Suisse), est actuellement professeur à la Section historique de l'École des Hautes Études, à la Sorbonne.

de 8h 5 à 9h 50 environ... » Voilà le début, mais plus tard, au terme de ces études laborieusement accomplies : « Jacques est reçu licencié... » (27 juillet 1897). « Jacques est sous-admissible au concours d'agrégation, en attendant de connaître la liste d'admissibilité » (4 août 1901). Enfin (10 août 1902), « Jacques a été présenté le premier, à l'unanimité, par l'École des Hautes Études, pour aller à Rome ». Et, le 5 octobre 1902 : « Voilà sa nomination officielle; il se prépare à partir pour Rome, comptant passer par Milan, Venise et Ravenne. »

Ce fut pour René Zeiller l'occasion du seul long déplacement que ses fonctions lui permirent d'entreprendre : il eut la profonde satisfaction d'aller voir son fils en Italie. Le 21 mars 1903, il annonce ainsi à Fliche son retour : « Notre voyage à Rome s'est fort heureusement accompli : nous avons trouvé Jacques en parfaite santé... Nous sommes revenus émerveillés de tout ce que nous avons vu, très pris dès les premiers instants par le charme de Rome et par tout ce qu'il y a de beau, d'intéressant, de poétique à y voir. J'en rapporte pour vous les meilleurs souvenirs du cardinal Mathieu, que nous avons vu plusieurs fois et qui paraît heureux de reparler des bons amis qu'il a laissés à Nancy. »

On pourrait encore extraire de cette correspondance bien des détails qui ne seraient pas inutiles pour une biographie de René Zeiller. Mais nous devons nous borner, et nous choisirons seulement dans le nombre deux épisodes qui nous le montrent très diversement occupé : dans l'un de candidatures académiques, et dans l'autre de la préparation du projet de loi « sur le travail des mines ».

Il est plusieurs fois question d'élections dans les lettres à Paul Fliche. En 1881, Zeiller tient à voir nommer un de ses meilleurs amis à la présidence de la Société géologique de France : « Je viens vous adresser une requête au sujet des élections présidentielles. L'usage est d'élire le premier vice-président, qui dans le cas actuel est mon camarade Douvillé. Mais j'apprends qu'on veut lui substituer un Sorbonnien..., ce qui serait d'autant plus fâcheux que c'est à Douvillé que la Société doit en grande partie la remise au courant du Bulletin. Nous comptons sur les votes des membres de province pour maintenir la tradition... C'est pourquoi je prends la liberté de vous prier d'envoyer votre vote en temps utile » (22 décembre 1881). Et, le 4 mars suivant : « Je vous remercie du concours que vous avez bien voulu nous prêter pour l'élection de la Société géologique... »

En 1901, Zeiller vient d'être promu officier de la Légion d'honneur, et en même temps élu membre de l'Académie des Sciences. L'élection a été assez chaude. « Je vous remercie (4 août 1901) de vos affectueuses félicitations... Le plaisir qu'a pu me faire la rosette ne se compare pas avec celui de mon élection. Ce que j'y vois de meilleur, ce sont les témoignages si affectueux que je reçois de nombreux amis, et dont je jouis pleinement. »

Enfin, en 1904, c'est de Fliche qu'il s'agit. Zeiller travaille activement à le faire élire correspondant de l'Académie des Sciences. « Ayant vu sur l'ordre du jour de la séance d'aujourd'hui (13 juin 1904) la présentation d'une liste de candidats dans la section d'Économie rurale, je m'étais réjoui à la pensée de vous voir élu lundi prochain; mais ce plaisir sera retardé de quinze jours... Du moins, ce ne sera qu'un retard : vous avez été aujourd'hui présenté en seconde ligne, et le 27 vous le serez en première... » Suivent des détails circonstanciés dans une lettre du 4 juillet : « C'est avec un bien grand plaisir que je vous transmets l'avis officiel de votre élection... Le mois de juillet étant commencé, l'Académie se trouvait déjà fort réduite et ne comptait plus que trente-trois membres présents. Vous avez eu vingt-sept voix... »

D'ordinaire, dans ses lettres à Fliche, Zeiller est très sobre de détails sur ses occupations administratives, dont il ne parle guère que pour lui faire connaître ses jours de liberté pendant lesquels ils pourront travailler ensemble. Exceptionnellement, dans une lettre du 4 août 1901, il lui fait part d'une affaire qui nous le montre dans l'exercice de ses fonctions officielles, et qui se rattache aux plus graves questions de l'exploitation des mines. « J'ai le malheur, je crois vous l'avoir dit, d'être secrétaire d'une commission chargée de préparer un projet de loi sur la durée du travail dans les mines, et nos confrères ouvriers n'admettent pas que les choses traînent en longueur. Les délégués de la « Fédération » nous ont déclaré d'ailleurs que le président du Conseil et les ministres leur avaient promis la journée de huit heures, que tel soit ou non notre avis... » Puis, trois ans plus tard, Zeiller était rapporteur d'une commission s'occupant de l'exploitation des gisements de l'Ouenza, question assez simple en théorie, mais que vinrent compliquer toutes sortes d'influences politiques. Enfin, comme président du Conseil des Mines, il eut à préparer dès 1908 un travail d'une tout autre ampleur : il s'agissait d'une refonte complète de la loi sur les mines de 1841 ; le projet, dont il fut l'un des principaux auteurs, ne devait aboutir que beaucoup plus tard (1). En attendant, le Gouvernement avait décidé de ne plus accorder de concessions nouvelles, et cette mesure fâcheuse entravait fortement le développement de nos mines de fer (2). Il n'a pas dépendu de René Zeiller que fussent abrégés ces retards dont il déplorait les funestes conséquences.

La correspondance avec René Nicklès, dont nous allons maintenant analyser les éléments essentiels, est d'une époque relativement récente. Leurs relations étaient pourtant très anciennes : lorsque Nicklès achevait à Paris ses études, ce fut sur les conseils et avec l'appui de Zeiller, son aîné de douze ans et depuis longtemps ami de sa famille, qu'il entra comme externe à l'École des Mines. Dans la suite, Zeiller ne cessa pas de s'intéresser au compatriote lorrain qui allait être, à

(1) C'est seulement au bout de dix ans que ce projet devait devenir la loi du 9 septembre 1919, dans laquelle on trouve sanctionnées les dispositions essentielles formulées par le Conseil des Mines, sous la présidence de René Zeiller : limitation de durée des concessions, participation aux bénéfices de l'État et du personnel, détermination d'un impôt complémentaire sur une partie du revenu net de l'exploitation.

(2) M. Ch. Walckenaër, dans sa notice ci-dessus mentionnée, a justement insisté sur l'importance du rôle de René Zeiller dans l'élaboration de ces questions d'ordre général.

la Faculté des Sciences de Nancy, chargé du cours de géologie, et qui devait ensuite devenir le fondateur de l'Institut de géologie de l'Université. Mais leur correspondance scientifique, celle du moins dont nous avons connaissance et qui nous a été communiquée, ne date que du moment où René Nicklès, ayant publié le résultat de ses travaux sur l'existence possible de la houille en Meurthe-et-Moselle, des sondages ont été commencés, d'après ses indications, sur les points qu'il a signalés comme les plus favorables.

Ces points d'attaque étaient essentiels à déterminer, et c'était là le rôle du géologue, qui seul pouvait préciser les régions où la disparition des couches stériles permettait d'atteindre le terrain houiller à la profondeur la moins considérable; effectivement, à ce sujet les prévisions de René Nicklès se trouvèrent parfaitement justifiées. Mais une fois le terrain houiller entamé par la sonde, il s'agissait de reconnaître les étages géologiques dans lesquels on se trouvait, et de les comparer avec ceux du bassin de Sarrebruck, afin d'apprécier les chances d'une rencontre de filons exploitables. Pour cette comparaison, la paléontologie allait rendre les plus précieux services.

En relations constantes avec les industriels de l'Est qui avaient commencé dès 1904 des travaux de recherches, Nicklès recevait régulièrement les échantillons de terrains extraits par la sonde des profondeurs du sol. Ce sont les « carottes », terme technique qui revient souvent dans ses communications.

Elles étaient soigneusement examinées par lui à son laboratoire, puis les empreintes végétales qu'il avait pu y découvrir partaient pour Paris, où Zeiller les étudiait à son tour, quand il ne jugeait pas nécessaire de venir sur place discuter des questions douteuses ou obtenir des précisions, afin d'en tirer des conclusions sur l'étage qui les avait fournies et sur les analogies qu'on pouvait en déduire avec les espèces connues des couches houillères de la Sarre. C'était donc entre Nancy et l'École des Mines une étroite collaboration et un échange actif de correspondances, où les espoirs de réussite, les découvertes, les déceptions, sont tour à tour consignés, et qui traduisent fidèlement toutes les émotions que ressentaient les deux amis pendant cette période de fièvre si critique pour l'avenir de l'industrie lorraine.

Pour la première fois, la houille est rencontrée, en juillet 1904, à Éply, entre Pont-à-Mousson et Nomeny, à une profondeur de 659 mètres : un morceau de houille de 8 centimètres d'épaisseur a été ramené à la surface, portant une empreinte de cordaïtes qui permettait d'identifier le terrain avec le « westphalien » de Sarrebruck. Ce n'était encore qu'un indice, mais bientôt se multiplient des découvertes de plus en plus sérieuses : en mars 1905, à Pont-à-Mousson, une couche de 70 centimètres à 819 mètres de profondeur; en juin 1905, à Abaucourt, sur la Seille, 2^{m} 65 à 896 mètres; et un peu plus tard 2^{m} 50 à Dombasle, près Morville-lès-Vic. La ressemblance des terrains traversés avec ceux de la Sarre, démontrée par la similitude des empreintes végétales, permettait les plus grands espoirs : n'avait-on pas, tout près de notre région, à Faulquemont, obtenu dans des conditions analogues 14m 35 de charbon en sept couches successives? Pourquoi le même résultat ne serait-il pas atteint en Meurthe-et-Moselle?

Dès 1905, Zeiller engage vivement Nicklès à publier les résultats des sondages de Lorraine. Ce n'est plus un secret, et déjà l'on peut craindre que des gens qui n'y sont pour rien s'en attribuent tout le mérite. « Il serait temps que ceux qui ont vraiment inspiré le travail et choisi les emplacements se décident à dire leur mot avec l'autorité qu'ils peuvent y mettre. » Une communication à l'Académie des Sciences est donc nécessaire, et Zeiller s'offre à faire suivre la note rédigée par Nicklès d'une liste des plantes fossiles observées à Éply et à Lesménils, avec les renseignements qu'elles fournissent.

La communication à l'Académie des Sciences « sur la découverte de la houille à Abaucourt » fut faite par Nicklès le 3 juillet 1905 (1), avec des observations de Zeiller « touchant la détermination du niveau des couches atteintes par les sondages » : les empreintes végétales permettent de reconnaître le niveau des « houilles à gaz » (*Flammenkohlen*) de Sarrebruck. Pareillement, à la suite d'une communication de M. Cavallier, René Nicklès a rédigé un résumé des résultats obtenus à Éply et à Lesménils, que complète une étude de René Zeiller sur les plantes houil-

(1) Cette communication est faite « au nom de M. de Lespinats, président des Sociétés lorraines de Charbonnages réunis, et de M. Villain, directeur ».

lères de ces sondages, étude qui se termine ainsi : « Quelque réserve qu'il convienne de garder au point de vue industriel, ces résultats constituent dès maintenant un remarquable succès au point de vue géologique. Dans son exposé de 1902, M. Nicklès concluait qu'on pouvait, dans la région de Pont-à-Mousson, compter dans une certaine mesure sur l'arasement des terrains primaires. Or c'est là précisément, ainsi que l'atteste la constitution de la flore, ce qui s'est trouvé réalisé : l'on ne pouvait demander une précision scientifique plus exacte. » Enfin, à l'appui des demandes de concessions faites, le 1er décembre 1907, au nom du Consortium des sociétés lorraines de charbonnages réunis, René Zeiller publie, sous le titre « Étude paléobotanique » (1), un mémoire détaillé dans lequel il passe en revue les sondages en cours d'exécution et apprécie pour chacun d'eux les résultats obtenus, d'après les empreintes végétales dont il a constaté la présence : on se trouve à Abaucourt dans le Stéphanien inférieur; à Dombasle, Bois-Greney et Jezainville, à l'étage des « flambants supérieurs », et ainsi successivement pour Martincourt, Lesménils, Pont-à-Mousson, Atton, Éply...

Quelle somme de travail dut exiger cette étude, nous pouvons en juger par certains passages de la correspondance de René Zeiller. Ainsi, dans une

(1) « Étude paléobotanique des sondages de Meurthe-et-Moselle », par M. Zeiller, inspecteur général des Mines, membre de l'Institut, professeur à l'École nationale supérieure des Mines.

lettre à Nicklès du 3 février 1907 : « Mon cher ami, vous devez vous demander ce que je deviens et si je me suis endormi sur vos échantillons. Je tiens à vous dire que je m'en occupe et que je ne les ai pas lâchés depuis quatre semaines et demie; mais j'étais loin de prévoir que ce serait aussi long. » Toutefois, loin de se plaindre de ce surcroît de travail qui lui est ainsi imposé, ce sont toujours des encouragements qu'il adresse à René Nicklès et des vœux ardents qu'il exprime pour la réalisation de nouvelles découvertes. Le 12 janvier 1909, à propos d'un voyage que va faire Nicklès à Paris : « ...Nous parlerons de la découverte de Gironcourt, qui m'a causé, je puis dire, une véritable émotion. Je sais que là encore vous avez fait merveille... J'admire plus que je ne m'étonne de ce nouveau triomphe à votre actif. » Et un peu plus tard (25 mai 1909) : « Ai-je besoin de vous dire avec quel intérêt j'ai lu vos renseignements sur les sondages en cours, et combien j'ai de plaisir à voir encore une fois vos prévisions se vérifier d'une façon si heureuse. Espérons qu'enfin une vraie découverte de houille exploitable viendra les couronner. »

Jusqu'à présent, ces grands espoirs n'ont pas été satisfaits; les épaisseurs de couches jugées nécessaires pour l'exploitation industrielle de la houille n'ont pas encore été rencontrées en Meurthe-et-Moselle. L'administration des Mines, qui doit donner son avis sur les demandes de concessions, se montre peu encourageante : sans doute, elle s'incline avec respect devant la science paléontologique représentée par un maître tel que Zeiller; mais elle estime assez peu le concours de la géologie; somme toute, elle est fort sceptique sur le résultat final. Ce scepticisme n'est-il pas trop absolu? l'avenir le montrera. Il peut très bien arriver que de nouveaux sondages soient plus heureux, et que les progrès de l'industrie minière permettent un jour l'exploitation de la houille à des profondeurs jugées actuellement inaccessibles. On ne devra pas oublier alors que l'instrument du succès est dû aux théories géologiques de Nicklès et à l'œuvre paléontologique de René Zeiller.

A partir de 1909, la période des sondages est provisoirement close. La correspondance avec Nicklès devient moins fréquente. Ce sont des événements de famille qui en sont parfois l'objet; nous y trouvons aussi des marques de l'intérêt constant que Zeiller ne cesse de porter aux travaux de son ami, et de la satisfaction que lui causent ses succès. Ainsi, Nicklès lui a envoyé une photographie représentant le nouvel emplacement de l'Institut de géologie dans les bâtiments de l'ancien séminaire de Nancy : « Je vous félicite... de la place que vous devez y avoir pour vos collections. Mais quel travail cela a dû être de tout transporter et tout installer !... Ce sont là des besognes terriblement absorbantes et fatigantes » (14 mai 1911).

Vers la même époque, il s'agit des prix : prix Gosselet, prix Labbé, qui viennent d'être décernés à René Nicklès. Déjà, l'année précédente, Zeiller avait soutenu, mais sans succès, la candidature de Nicklès pour un prix de la Société géologique : « J'étais resté tellement dépité au sujet du prix Danton, que je m'étais cette fois tenu systématiquement à l'écart des délibérations des commissions de prix... Mais la Commission des prix de géologie s'est trouvée, de prime abord et sans discussion, unanime sur votre nom pour l'attribution du prix Labbé. Ce n'est pas un gros prix, mais le titre de lauréat de l'Institut fait toujours plaisir, et je tiens à vous adresser tout de suite mes meilleures félicitations » (23 mai 1911).

Là s'arrête cette correspondance, mais nous savons que même après cette date les relations ont continué entre l'Institut de géologie de Nancy et l'École des Mines, toujours affectueuses et bienveillantes de la part de Zeiller, confiantes chez René Nicklès, justement fier d'une telle amitié.

Puis, vinrent les années de guerre. Ils les passèrent l'un et l'autre à leur poste, souffrant déjà tous les deux du mal qui devait les emporter. Ils avaient à supporter, comme c'était le sort commun des familles françaises, de cruelles inquiétudes que l'incertitude de l'avenir rendait encore plus pénibles : pour Nicklès, c'est un fils sur le front, et sa mère dont la santé précaire ne lui laissera bientôt plus d'espoir; pour Zeiller, son fils à l'armée pendant les premiers mois de la guerre, et deux de ses gendres, qui devaient l'un et l'autre mourir pour la France; l'un d'eux, Maurice Masson, professeur de littérature française à l'Université de Fribourg, est tombé en terre lorraine, au bois de Mortmare, où il corrigeait dans les tranchées ses thèses de doctorat sur Jean-Jacques Rousseau.

René Zeiller est mort dans le triste hiver de 1915, en pleine connaissance de son état, soutenu par sa foi chrétienne que partageaient tous les siens, avec la certitude de la vie future et un espoir patriotique inébranlable : ce fut une belle mort.

Ses correspondants lorrains mentionnés dans cette notice, qui étaient en même temps ses confrères de l'Académie de Stanislas, et qui ont contribué à le rattacher à son pays d'origine, ont tous actuellement disparu : Émile Gallé le premier, en 1904; puis Paul Fliche, en 1908; enfin René Nicklès et Grand'Eury allaient les suivre en 1917. C'est une génération qui s'en va, dont il ne reste plus que de rares représentants, mais dont le souvenir mérite d'être conservé longtemps dans notre Compagnie.

CONCOURS OUVERTS

ET

PRIX DÉCERNÉS PAR L'ACADÉMIE DE STANISLAS

I

PRIX LITTÉRAIRES ET SCIENTIFIQUES

1° Prix Herpin

M. le docteur Herpin (Jean-Charles), de Metz, associé-correspondant de l'Académie de Stanislas, décédé à Nice le 17 janvier 1872, a fondé un prix de 1.000 francs à décerner tous les *quatre ans,* à la suite d'un concours ouvert par l'Académie de Stanislas « sur des questions scientifiques, agricoles, économiques, statistiques ou historiques intéressant particulièrement la Lorraine ou l'ancienne province des Trois-Évêchés ».

Il a été attribué pour la première fois en 1881.

2° Prix Dupeux

Fondation par M. François-Raymond Dupeux, ancien professeur, décédé à Rosières-aux-Salines le 19 novembre 1893, d'un prix de 350 francs à décerner par l'Académie de Stanislas au meilleur ouvrage manuscrit ou imprimé traitant d'histoire ou d'archéologie, se rapportant de préférence à la Lorraine, ou bien traitant un sujet de science ou de linguistique, se rapportant aussi de préférence à la Lorraine.

Ce prix est décerné trois années sur quatre : il l'a été pour la première fois en 1898.

3° Prix Stanislas de Guaita

En mémoire de son fils Stanislas, décédé au château d'Alteville le 19 décembre 1897, Mme de Guaita a institué un prix *annuel* de 200 francs ayant pour objet de récompenser les efforts et le mérite d'un littérateur, ou de venir en aide à un jeune homme se destinant aux lettres. Le candidat devra appartenir à la région lorraine.

4° Prix Gabriel Thomas

En souvenir de son mari, M. Gabriel Thomas, en son vivant président de Chambre honoraire à la Cour d'appel et secrétaire perpétuel de l'Académie de Stanislas, Mme Gabriel Thomas a institué une fondation d'un capital de 6.000 francs, dont les arrérages constitueront un prix triennal et indivisible, en faveur d'un jeune licencié ès lettres de l'Université de Nancy, ou résidant dans le ressort académique de Nancy, et par qui ce prix serait employé à la préparation ou édition d'un ouvrage, ou comme bourse de voyage, ou de quelque autre façon analogue utile à ses études et à son avenir.

II

PRIX DE VERTU

1° Prix Gouy

Une fondation a été faite par M. Jules Gouy, membre de l'Académie de Stanislas, décédé à Nancy le 12 février 1892. L'importance en a été accrue par la générosité de ses enfants : M. Albert Gouy de Bellocq-Feuquières et Mme la vicomtesse de Chambrun.

Cette libéralité a mis à la disposition de l'Académie de Stanislas, *chaque année*, depuis 1876, 600 francs pour récompenser le dévouement maternel et 600 francs pour récompenser la piété filiale.

Sont admises à concourir les personnes domiciliées à Nancy depuis douze ans.

2° Prix Jeanne Bourgon

M. Bourgon, ancien banquier, décédé à Nancy en 1888, a légué à l'Académie de Stanislas, en souvenir de Mlle Jeanne Bourgon, sa fille, une somme de 10.000 francs, payable après le décès de sa veuve, avec mission d'en consacrer les revenus à doter, *tous les cinq ans*, une jeune fille pauvre de Nancy, qui l'aura mérité par sa bonne conduite et par sa piété filiale.

3° Prix Mangeon

En mémoire de son père, M. Mangeon, décédé conservateur des hypothèques en retraite à Nancy, Mlle Emma Mangeon a confié, depuis 1893, à l'Académie de Stanislas, le soin de décerner, *chaque année*, un prix de piété filiale de 100 francs.

4° Prix René de Goussaincourt

Prix *annuel* de 300 francs destiné à récompenser la piété filiale ou, exceptionnellement, tout acte de vertu et de dévouement, même en dehors des liens de parenté ou d'alliance.

5° Prix Chassignet

Par son testament en date du 27 janvier 1898, M. Chassignet, membre de l'Académie de Stanislas, décédé à Nancy le 25 février 1898, a fondé un prix *quinquennal* et indivisible de 1.500 francs en faveur de la femme — fille, épouse ou veuve — jugée par l'Académie de Stanislas la plus méritante et la plus digne d'intérêt.

Le généreux abandon fait par Mme Chassignet de son droit d'usufruit a permis d'attribuer ce prix dès 1903.

6° Prix René de Goussaincourt

Prix *triennal* et indivisible de 200 francs « destiné à récompenser le serviteur ou la servante qui, par sa fidélité, par ses soins dévoués et désintéressés, aura donné l'illusion de l'aisance à ses maîtres trahis par la fortune, et, à défaut de ce mérite particulier, à récompenser un mérite analogue apprécié par l'Académie ».

Le concours pour l'obtention de ce prix s'étendra à tout le département de Meurthe-et-Moselle.

Ce prix a été décerné pour la première fois en 1901.

7° Prix de Bouxières-aux-Dames

Prix *triennal* de 200 francs, en vue de récompenser des actes de vertu, institué par M. René de Goussaincourt, au profit des personnes habitant la commune de Bouxières-aux-Dames ou d'une autre commune du département depuis plus de trois ans.

Ce prix a été décerné pour la première fois en 1901.

8° Prix René de Goussaincourt

Prix *biennal* de 100 francs fondé par M. René de Goussaincourt et destiné à récompenser le dévouement dans la famille ou en dehors de la famille, chez des enfants ou des jeunes gens de l'un ou de l'autre sexe, âgés de moins de vingt et un ans.

Le concours pour l'obtention de ce prix, décerné pour la première fois en 1902, s'étendra à tout le département de Meurthe-et-Moselle.

9° Prix Cardin-Roussel

En mémoire de ses parents, Mme Cardin-Roussel a fondé un prix *annuel* de 200 francs destiné à récompenser une fille plus ou moins jeune, ouvrière de son état, remarquable par son dévouement à sa mère veuve et pauvre, vivant ensemble toutes deux, très honnêtes, bonnes catholiques et dignes d'intérêt. Elles devront être de Nancy et l'habiter depuis dix ans.

10° Prix des infirmiers militaires

Prix *biennal* de 100 francs fondé par M. René de Goussaincourt et destiné à récompenser un homme de troupe de l'armée française, gradé ou non gradé, appartenant au service des hôpitaux militaires ou à celui des infirmeries régimentaires de la place de Nancy, ou y étant temporairement employé à un titre quelconque, et qui se serait signalé par son dévouement, soit dans une circonstance particulière, soit dans la suite de ses services.

Dans le cas où, pour une raison quelconque, le prix ne pourrait être décerné dans ces conditions à l'une de ses échéances, l'Académie en disposerait en faveur de quelque autre dévouement.

11° Prix Ferdinand Lachasse

En souvenir de M. Ferdinand Lachasse, de son vivant docteur en droit et secrétaire de la Faculté de droit, Mme Lachasse, sa veuve, a institué un prix *annuel* de 100 francs, destiné à récompenser le dévouement, ce mot étant pris dans son sens le plus large.

Aucune condition particulière n'est imposée à l'Académie, qui appréciera souverainement.

12° Prix des ouvriers et ouvrières de l'industrie

Prix *biennal* de 100 francs, institué par M. René de Goussaincourt, et destiné à récompenser un ouvrier (ou ouvrière) titulaire de la médaille de trente ans de travail, qui aura fait preuve de dévouement dans la famille, ou même envers des étrangers.

13° Prix Charles Bour

M. Charles Bour, décédé à Nancy en 1907, a légué à l'Académie de Stanislas une rente annuelle de 1.800 francs, à charge d'employer cette somme en des prix de 300 ou 400 francs à remettre à des jeunes filles catholiques que l'Académie jugera mériter cet encouragement par leur conduite et leur dévouement à leurs parents.

Ces prix ont été décernés pour la première fois en 1911.

14° Prix Clotilde Humbert

Prix annuel de 250 francs, institué en souvenir de Mlle Clotilde Humbert, pour récompenser la vertu et le dévouement, en dehors de toute détermination spéciale.

Ce prix a été décerné pour la première fois en 1911.

15° Prix Simonin

Don annuel de 150 francs, fait par Mme Prosper Simonin, née de Roche, pour récompenser une femme — fille, épouse ou veuve — de son dévouement familial (prix limité au département de Meurthe-et-Moselle).

Ce prix a été décerné pour la première fois en 1912.

16° Prix Nicolas Humbert

En souvenir de son mari, M. Nicolas Humbert, Mme veuve Humbert a fait don à l'Académie de Stanislas d'une somme de 6.000 francs, à condition que les revenus de ce capital servent à récompenser, *chaque année*, un *homme* veuf, marié ou célibataire, de préférence habitant Nancy, jugé digne de cette récompense par l'Académie.

Ce prix, d'une valeur de 200 francs, a été décerné pour la première fois en décembre 1915.

17° Prix Pister

En souvenir de son mari M. Pister, Mme veuve Pister a fait un legs à l'Académie, d'une rente sur l'État de 2.000 francs dont 1.000 francs à employer annuellement en deux ou trois prix à des jeunes filles les plus méritantes pour les soins donnés à leurs parents et 1.000 francs en quatre prix à quatre mères de famille chargées d'enfants et méritantes.

18° Prix Virginie Jacquot

Prix de 450 francs fondé par M. le Chanoine Barbier, curé doyen de Blâmont, pour être attribué, chaque année, au père ou à la mère d'une famille d'au moins quatre enfants vivants (les morts de la grande guerre comptant comme tels) habitant depuis dix ans la commune de Glonville, ou, à défaut de candidats méritants, une autre commune rurale du canton de Baccarat, et professant la religion catholique; mais sans aucune exclusion pour raison politique ou religieuse, ni de fréquentation scolaire.

PRIX MILITAIRES RENÉ DE GOUSSAINCOURT

(*ancien officier au 54e mobiles*).

19° Prix annuel de 100 francs, au profit d'un ancien mobile de 1870, ou d'un grand blessé ou mutilé de la guerre de 1914-1918 ayant combattu dans les rangs de la Division de fer.

20° Prix annuel de 100 francs, au profit d'une femme, de préférence mère de famille, épouse ou veuve d'un soldat de la guerre de 1914-1918 ayant combattu dans les rangs de la Division de fer.

21° Prix annuel de 100 francs, au profit d'un personne de peu de ressources, prenant un soin pieux d'un soldat de la guerre de 1914-1918 aveugle ou ayant subi toute autre mutilation grave, telle que la perte de ses bras.

CONCOURS DE 1922

L'Académie décernera, dans sa séance publique de décembre 1922, les prix suivants :

1° PRIX LITTÉRAIRES

1° Prix Dupeux. — Ce prix, de 350 francs, est destiné au meilleur ouvrage, manuscrit ou imprimé depuis le 1er janvier 1904, qui aura été présenté sur un sujet *de science* se rapportant de préférence à la Lorraine.

2° Prix Stanislas de Guaita. — Ce prix, de 200 francs, a pour objet de *récompenser les efforts et le mérite d'un littérateur ou de venir en aide à un jeune homme se destinant aux lettres*. Le candidat devra appartenir à la région lorraine. Il devra déposer, à l'appui de sa demande, les ouvrages imprimés ou manuscrits, ou d'autres justifications pouvant établir qu'il remplit les conditions du concours.

Pour ces deux prix, les demandes et pièces à l'appui seront déposées, avant le 1er juillet 1922, à l'adresse du secrétaire perpétuel de l'Académie, à la Bibliothèque publique, 43, rue Stanislas.

Pour l'un et l'autre de ces prix, sont de fait hors concours les ouvrages ou mémoires déjà récompensés par une des Académies de l'Institut de France, ou par toutes autres Sociétés savantes, de France ou de l'étranger.

2° PRIX DE VERTU

1° Prix Jules Gouy, de 600 francs, pour récompenser le dévouement maternel.

2° Prix Jules Gouy, de 600 francs, pour récompenser la piété filiale.

(Sont admises à concourir, pour ces deux prix, les personnes domiciliées à Nancy depuis douze ans au moins.)

3° Prix René de Goussaincourt, de 300 francs, pour récompenser la piété filiale.

4° Prix René de Goussaincourt, de 200 francs, pour récompenser les soins dévoués et désintéressés d'un serviteur ou d'une servante.

5° Prix René de Goussaincourt, de 200 francs, pour récompenser des actes de vertu, au profit d'une personne habitant la commune de Bouxières-aux-Dames depuis plus de trois ans ou toute autre commune rurale du département.

6° Prix René de Goussaincourt, de 100 francs, pour récompenser le dévouement dans la famille ou en dehors de la famille chez des enfants ou des jeunes gens de l'un ou l'autre sexe, âgés de moins de vingt et un ans (s'étend à tout le département de Meurthe-et-Moselle).

7° Prix René de Goussaincourt, de 100 francs, pour récompenser un homme de troupe de l'armée française, infirmier militaire, qui se sera signalé par son dévouement.

8° Prix René de Goussaincourt, de 100 francs, pour récompenser un ouvrier (ou ouvrière) titulaire de la médaille de trente ans de travail, qui aura fait preuve de dévouement dans la famille.

9° Prix René de Goussaincourt, de 100 francs, en faveur d'une personne appartenant ou ayant appartenu à la Société de Secours aux blessés militaires, comme femme ou fille de service aux ambulances, à la cantine de gare, ou travaillant au dispensaire de ladite Société.

10° Prix Mangeon, de 100 francs, pour récompenser la piété filiale.

11° Prix Cardin-Roussel, de 150 francs, pour récompenser une ouvrière dévouée à sa mère veuve.

(Elles devront être de Nancy et l'habiter depuis dix ans.)

12° Prix Ferdinand Lachasse, de 100 francs, pour récompenser le dévouement.

13° Prix Charles Bour, de 1.800 francs, à partager par sommes de 300 ou de 400 francs, entre des jeunes filles catholiques, pour récompenser leur bonne conduite et leur dévouement à leurs parents.

14° Prix Clotilde Humbert, de 250 francs, pour récompenser la vertu et le dévouement.

15° Prix Nicolas Humbert, de 200 francs, pour récompenser un homme (marié, veuf ou célibataire), de préférence habitant Nancy, jugé digne par l'Académie.

16° Prix Prosper Simonin, de 150 francs, pour récompenser une femme (fille, épouse ou veuve), de son dévouement filial (Prix limité au département de Meurthe-et-Moselle).

17° Fondation Pister, de 2.000 francs, dont 1.000 francs à employer en deux ou trois prix à des jeunes filles les plus méritantes pour les soins donnés à leurs parents et 1.000 francs en trois prix à trois mères de familles chargées d'enfants et méritantes.

18° Prix Virginie Jacquot, de 450 francs, en faveur du père ou de la mère d'une famille d'au moins quatre enfants vivants (les morts de la grande guerre comptant comme tels), habitant depuis dix ans dans la commune de Glonville, ou à défaut de candidats méritants, une autre commune rurale du canton de Baccarat.

PRIX MILITAIRES RENÉ DE GOUSSAINCOURT

(*ancien officier au 54e mobiles*).

19° Prix de 100 francs, au profit d'un ancien mobile de 1870, ou d'un grand blessé ou mutilé de la guerre de 1914-1918 ayant combattu dans les rangs de la Division de fer.

20° Prix de 100 francs, au profit d'une femme, de préférence mère de famille, épouse ou veuve d'un soldat de la guerre de 1914-1918 ayant combattu dans les rangs de la Division de fer.

21° Prix de 100 francs, au profit d'une personne de peu de ressources, prenant un soin pieux d'un soldat de la guerre de 1914-1918 aveugle ou ayant subi toute autre mutilation grave, telle que la perte de ses bras.

Les candidats aux prix de vertu et aux prix littéraires devront déposer leurs demandes au siège de l'Académie, 43, rue Stanislas, avant le 1er juillet 1922.

OUVRAGES IMPRIMÉS

OFFERTS A L'ACADÉMIE

DU 1er JANVIER AU 31 DÉCEMBRE 1920

Aimond (Ch.). — Le nécrologe de l'abbaye de Gorze. Nancy, 1914, 1 br., in-8.

Bouchot (L.). — L'histoire de l'Alsace en vingt leçons. Nancy, 1920, 1 br., pt. in-4.

Bretagne (P.). — Souvenirs. Cinq mélodies pour chant et piano. Nancy, 1909, 1 plaquette, in-4. — Au printemps. Duo pour soprano et mezzo avec accompagnement de piano. Nancy, 1905, 1 plaquette, in-4. — Cinq mélodies pour chant et piano. Poésie de G. Garnier. Nancy, s. d., 1 plaquette, in-8. — Quatuor en si ♭ mineur pour deux violons, alto et violoncelle. Paris, 1911, 1 plaquette in-8. — Chants d'automne. Trois mélodies, piano et chant. Nancy, 1904, 1 plaquette in-4.

Briquel (Dr P.). — Une page oubliée d'Albert Glatigny. Nancy, 1919, 1 br. in-8.

Boyé (Pierre). — Lettres inédites du roi Stanislas à Jacques Hulin. Nancy, 1920, 1 vol. in-8.

Chapelier (Ch.). — De Thumery (J. L. N.), chanoine de la cathédrale de Saint-Dié (1751-1829). Épinal, 1920, 1 br. in-8.

Comité d'études. — L'Alsace-Lorraine et la frontière N.-E. (T. I.). Paris, 1918, 1 vol. gd. in-8, 2 atlas in-folio. — Questions européennes (T. II), 4 suppléments, 1 atlas. Paris, 1919, 6 vol. gd. in-8.

Coutil (L.). — Recueil d'études archéologiques. Évreux, 1920, 1 br. in-8.

Floquet (G.). — L'exposition rétrospective lorraine des sciences. Nancy, 1912, 1 br. in-4. — L'exposition d'aéronautique et le quatrième congrès international. Nancy, s. d., 1 br. in-4.

Guise (Abbé). — Saint Sigisbert roi d'Austrasie. Paris, 1920, 1 vol. in-12.

Girault (A.). — Le morcellement parcellaire en France. Paris, 1920, 1 br. in-8.

Guyot (Ch.). — Les forêts de l'Est (n° 3 de l'Union économique de l'Est de 1920). — Étienne Dupoirier, chanoine de Toul. Nancy, 1920, 1 br. in-8. — Le reboisement et la conservation des forêts privées. Nancy, 1920, 1 br. in-8.

Hogard (Abbé René M. F.). — Livre d'or. Le clergé du diocèse de Nancy pendant la guerre de 1914-1918. Nancy, 1920, 1 vol. in-8.

Huffel (G.). — Économie forestière. T. II. Paris, 1919, 1 vol. in-8. — La forêt sainte de Haguenau en Alsace (Notice historique et descriptive). Nancy, 1920, 1 vol. in-16.

Jeanton (G.). — Notice sur les hôtels et les collèges bourguignons. Mâcon, 1906, 1 br. in-8. — Le servage en Bourgogne. Paris, 1906, 1 vol. in-8. — Répertoire des familles notables de Tournus. Mâcon, 1915, 1 vol. in-8. — La Commanderie d'Aigrefeuille-en-Bresse. Bourg, 1906, 1 br. in-8. — Les Commanderies du Temple Sainte-Catherine. Mâcon, 1918, 1 vol. in-8. — Le Folk-Lore tournugeois. Mâcon, 1919, 1 br. in-8. — Les caractères particuliers de la Bourgogne méridionale. Mâcon, 1916, 1 br. in-8. — Le Tournugeois. Mâcon, 1917, 1 br. in-8. — La parenté d'Érasme en Bourgogne. Mâcon, 1917, 1 br. in-8. — Les juifs mâconnais. Mâcon, 1919, 1 br. in-8.

Laurent (J.). — Byzance et les Turcs seldjoucides dans l'Asie occidentale jusqu'en 1081. Nancy, 1914 (1919), 1 vol. in-8. — L'Arménie entre Byzance et l'Islam depuis la conquête arabe jusqu'en 886. Nancy, 1919, 1 vol. in-8. — Les origines médiévales de la question arménienne. Paris, 1920, 1 br. in-8. — Delphes chrétien. Paris, s. d., 1 vol. in-8. — Les retraites ouvrières et paysannes. Guide analytique. Nancy, 1911, 1 plaquette in-12.

Liégeois (Dr Ch.). — L'abbaye de Bonfays (manuscrit), s. l. n. d. in-4 bas.

Magnant (Dr E.). — L'homme de proie (comédie). Neufchâteau, s. d., pt. in-4. — Pasteur et son Institut. Histoire d'un loup enragé (manuscrit), s. l. n. d., pt. in-4.

Mahuet (Comte de). — Didier Bugnon, géographe du duc Léopold. Nancy, 1920, 1 vol. in-8.

Mangenot (Abbé E.). — Sion, son pèlerinage, son sanctuaire. Nancy, 1919, 1 vol. in-16. — Dictionnaire de théologie catholique (fasc. 48 et 49). Paris, 1920, 1 vol. in-8.

Mansuy (Abel). — Codex diplomaticus et commemorationum Masoviae generalis. Tomus I. Varsovie, 1919, 1 vol. gd. in-8.

Marichal (Paul). — Notes de toponymie lorraine. Nancy, 1920, 1 br. in-8.

Martin (Paul). — Divers sonnets, romances et ballets manuscrits, d. f. — L'amour de la forêt (comédie en un acte), s. l. n. d., 1 br. in-4. — Le rêve (vers), s. l. n. d., 1 br. in-folio.

Maujean (Léon). — La Holmée (coutume du pays haut). Metz. 1912, 1 br. in-8. — Vieilles enseignes messines. Metz, 1909, 1 br. in-8. — Histoire de Destry et du pays Saulnois. Metz, 1913, 1 vol. in-8.

Nicolas (E.). — Quarante et unième fête fédérale de l'Union des sociétés de gymnastique de France. Nancy, 1920, 1 br. in-8.

Peultier (Mlle). — Mon vieux Verdun (manuscrit), in-folio.

Pingaud (L.). — La Lorraine et le caractère lorrain (manuscrit), 1 br. in-4.

Renard (G.). — Un épisode de l'histoire du ralliement en Lorraine (dans le *Sillon* du 10 avril 1910). — Notions très sommaires de droit public français. Paris, 1920, 1 vol in-8. — Les origines de l'Actio Tutelae. Paris, 1901, 1 br. in-8. — L'idée d'annulabilité chez les interprètes du droit romain au Moyen Age. Paris, s. d., 1 vol. in-8.

René d'Avril (Malgras L.). — A la mémoire glorieuse du Messin Ambroise Thomas (poésie). 1911, 1 plaquette in-8. — L'arbre des fées (poésie). Paris, 1912, 1 vol. pt. in-16. — Au chant du grillon (poésie). Nancy, 1910, 1 br. in-8. — Le miracle de saint Nicolas (poésie). Paris, s. d., 1 br. in-8. — Légende d'Écosse (vers), s. l. n. d., 1 plaquette in-8. — Hommages à la Belgique (poésie), s. l. n. d., 1 br. in-16.

Rogie (R. P.). — 27 volumes de manuscrits relatifs pour la plupart à saint Pierre Fourier (copies faites par le R. P. Rogie et offertes à l'Académie par son frère le Dr Rogie, professeur à l'Université catholique de Lille).

Rouy (H.). — Sedan pendant la guerre de 1914 à 1918 (T. II). Paris, s. d., 1 vol. in-16. — Histoire de Sedan depuis les origines jusqu'en 1914. Sedan, 1914, 1 vol. in-16. — Histoire de Sedan (questionnaire à l'usage de la jeunesse). Sedan, 1914, 1 br. in-16.

Sadoul (Ch.). — L'art rustique en France (T. I). Paris, 1920, 1 vol. in-8.

Tourneur-Aumont. — L'Alsace et l'Alémanie. Nancy, 1919. 1 vol. in-8. — Sur les routes de France. Autour de Pontarlier. Pontarlier, s. d., 1 br. in-8. — Humanisme et patriotisme (discours). Paris, 1910, 1 br. in-8.

Toussaint (Marcel). — Vers écrits sur l'eau. Paris, 1912, 1 vol. in-12. — Le sculpteur de sable. Paris, 1910 1 vol. in-12.

Xardel (Pierre). — Livre d'heures du temps de guerre (poèmes). Paris, 1919, 1 br. in-16.

SOCIÉTÉS SAVANTES

EN RAPPORT AVEC L'ACADÉMIE DE STANISLAS

1920-1921

Pendant le cours de cette année la liste des Sociétés savantes en rapport avec l'Académie de Stanislas n'a pas été modifiée. Voir celle qui a été publiée dans le volume de 1916-1917.

TABLEAU DES MEMBRES

COMPOSANT

L'ACADÉMIE DE STANISLAS (1)

SUIVANT L'ORDRE DE RÉCEPTION

—

Juin 1921

BUREAU

—

Président : M. Edm. Estève.
Vice-Président : M. P. Boyé.
Secrétaire perpétuel : M. Ch. Guyot.
Bibliothécaire-Archiviste : M. J. Favier.
Secrétaire annuel : M. Edm. des Robert.
Questeur : M. E. Ambroise.

I

MEMBRE HONORAIRE

1916. 7 Juill. M. Pfister (Christian), Membre de l'Académie des Sciences morales et politiques, Doyen de la Faculté des Lettres à l'Université de Strasbourg (Associé-correspondant le 2 juillet 1886,

(1) L'Académie de Stanislas, fondée à Nancy le 28 décembre 1750 par le roi de Pologne, duc de Lorraine et de Bar, a été reconnue institution d'utilité publique par décret impérial du 21 juin 1864.

Le titre de *membre de l'Académie* est exclusivement réservé par le règlement aux membres honoraires et aux membres titulaires.

La qualification d'*associé-correspondant* est attribuée aux anciens titulaires, aux associés-correspondants nationaux et aux associés-correspondants étrangers.

Membre titulaire du 3 février 1888 au 28 octobre 1902, Associé-correspondant ancien titulaire du 24 octobre 1902 au 6 juillet 1916), Strasbourg.

II.

MEMBRES TITULAIRES

1918. 8 Nov. M. **Foch** (Ferdinand), Maréchal de France, commandant en chef des armées alliées, Membre de l'Académie française, Grand Quartier Général.

1921. 18 Mars. M. **Lyautey** (Louis-Hubert-Gonzalve), Maréchal de France, membre de l'Académie française, 5, rue Bonaparte, Paris (6e).

1884. 18 Janv. M. Guyot (Charles), ancien Directeur de l'École nationale des Eaux et Forêts (Associé le 19 janvier 1883, Secrétaire perpétuel le 3 novembre 1911), 2 *bis*, rue de la Craffe, Nancy.

2 Mai. M. Favier (Justin), Conservateur de la Bibliothèque publique de la ville, Vice-Président de la Société d'archéologie lorraine (Associé le 7 décembre 1883), 2, rue Jeanne-d'Arc, Nancy.

1885. 6 Mars. M. Germain de Maidy (Léon), Secrétaire perpétuel de la Société d'archéologie lorraine (Associé le 15 décembre 1882), 26, rue Héré, Nancy.

1888. 21 Déc. M. Millot (Charles), ancien Officier de marine, chargé de cours honoraire à la Faculté des Sciences de l'Université (Associé le 2 mars 1888), 7, place Saint-Jean, Nancy.

1894. 15 Juin. M. Mengin (Henri), Avocat à la Cour d'appel: Maire de Nancy (Associé le 12 mai 1893), 10, place Carnot, Nancy.

1897. 16 Juill. M. Martin (l'abbé Eugène), Directeur de la *Semaine religieuse* (Associé le 7 juillet 1893), 146 *bis*, rue Jeanne-d'Arc, Nancy.

1900. 27 Avril. M. Boyé (Pierre), Avocat à la Cour d'appel Président de la Société d'archéologie lorraine (Associé le 18 novembre 1898), 53, rue Hermite, Nancy.

21 Déc. M. Collignon (Albert), Professeur honoraire d'histoire de la littérature latine à la Faculté des Lettres de l'Université (Associé le 17 février 1893), 4, rue Jeanne-d'Arc, Nancy.

1902. 16 Mai. M. Jérôme (l'abbé Léon), Vicaire général (Associé le 20 novembre 1896), 54, place de la Cathédrale, Nancy.

1903. 9 Janv. M. Gross (le Dr Frédéric), Doyen honoraire et Professeur honoraire de clinique externe à la Faculté de Médecine de l'Université, 19, rue Isabey, Nancy.

1905. 5 Mai. M. Melin (Gabriel), Avocat, Chargé du cours de science sociale à la Faculté de Droit de l'Université (Associé du 16 mars 1900), 39, rue de Boudonville, Nancy.

1906. 5 Janv. M. Le Joindre (Raymond), Lieutenant-colonel d'artillerie en retraite (Associé du 20 janvier 1905), 8, place d'Alliance, Nancy.

1907. 4 Janv. M. Duvernoy (Émile), Archiviste de Meurthe-et-Moselle (Associé du 21 octobre 1904), 1, rue de la Monnaie, Nancy.

26 Avril. M. Dessez (Charles), Inspecteur d'Académie (Associé du 20 juillet 1906), 63, rue Hermite, Nancy.

1908. 21 Févr. M. Perdrizet (Paul), Professeur d'archéologie et d'histoire de l'art à la Faculté des Lettres de l'Université (Associé du 15 février 1907), 2, avenue de la Garenne, Nancy.

1910. 4 Févr. M. Parisot (Robert), Professeur d'histoire de l'Est de la France à la Faculté des Lettres de l'Université (Associé du 7 juillet 1905), 15, rue Sigisbert-Adam, Nancy.

1910. 21 Oct. M. DE LARDEMELLE (le Général de brigade Marie-Georges) (Associé du 17 décembre 1909), 7, rue du Manège, Nancy.

1911. 5 Mai. M. MICHON (Lucien), Professeur de Droit romain à la Faculté de Droit de l'Université (Associé du 18 décembre 1908), 14, boulevard Charles V, Nancy.

1912. 2 Févr. M. AMBROISE (Émile), Docteur en droit, Avocat (Associé du 16 décembre 1887), 11, rue de la Ravinelle, Nancy.

Id. M. DE LALLEMAND DE MONT (Pierre), ancien Secrétaire général de préfecture (Associé du 26 avril 1901), 18, rue Isabey, Nancy.

29 Mars. M. CHATELAIN (Émile), Professeur honoraire au Lycée de Nancy (Associé du 4 juin 1910), 42, rue de Boudonville, Nancy.

19 Juill. M. PARISOT (le Dr Pierre), Professeur de Médecine légale à la Faculté de Médecine de l'Université (Associé du 16 mars 1900), 34, quai Claude-le-Lorrain, Nancy.

Id. M. SADOUL (Charles), Conservateur au Musée historique lorrain, Directeur de la *Revue lorraine illustrée* et du *Pays lorrain* (Associé du 3 avril 1908), 29, rue des Carmes, Nancy.

7 Févr. M. ESTÈVE (Edmond), Professeur de littérature française à la Faculté des Lettres de l'Université (Associé du 29 mars 1912), 9, rue de Boudonville, Nancy.

7 Mars. M. SOURIAU (Paul), Doyen et Professeur de Philosophie à la Faculté des Lettres de l'Université (Associé du 17 mai 1912), 65, rue de Metz Nancy.

1914. 9 Janv. M. BINET (Édouard), Doyen et Professeur de Droit civil à la Faculté de Droit de l'Université (Associé du 7 février 1913), 19, rue Grandville, Nancy.

1918. 15 Févr. M. HOTTENGER (Georges), Publiciste, Docteur en Droit (Associé du 9 janvier 1914), 18, rue Saint-Dizier, Nancy.

1918. 15 Févr. M. Bohème (Charles), Professeur agrégé de philosophie au Lycée Henri Poincaré (Associé du 6 mars 1914), 83, rue Isabey, Nancy.

1919. 11 Juill. M. des Robert (Edmond), Secrétaire de la Société d'Archéologie lorraine (Associé du 6 janvier 1911), 48, rue Hermite, Nancy.

1920. 16 Avril. M. Malgras (Léon) [René d'Avril], Homme de lettres (Associé du 2 février 1912), 12, rue Félix-Faure, Nancy.

30 Avril. M. Huffel (Gustave), Sous-Directeur et Professeur de Sciences forestières à l'École Nationale des Eaux et Forêts (Associé du 21 février 1913), 21, rue des Bégonias, Nancy.

1921. 21 Janv. Vogt (Henri-Gustave), Professeur de mathématiques appliquées à la Faculté des sciences de l'Université, Directeur de l'Institut électrotechnique et de mécanique appliquée (Associé du 22 juin 1917), 33, rue du Grand-Verger.

MEMBRES DONATEURS

M. Braconnot (Henri), membre titulaire 1809-1854, président de l'Académie 1833, décédé le 24 janvier 1855.

M. Lallement (Edmond), Professeur à la Faculté de Médecine, Associé le 22 juin 1866, Membre titulaire le 16 février 1867, décédé le 27 février 1889.

M. Leupol (Louis), Homme de lettres, Associé le 30 décembre 1859, Membre titulaire le 7 février 1862, Membre honoraire le 16 juin 1882, décédé le 29 octobre 1896.

M. Chassignet (Modeste), Sous-Intendant militaire en retraite, Associé le 5 mai 1882, Membre titulaire le 4 août 1882, décédé le 25 février 1898.

M. Lejeune (Jules), Homme de lettres, Associé le 22 novembre 1872, Membre titulaire le 1er février 1878, Secrétaire perpétuel de l'Académie le 6 juin 1884, décédé le 6 août 1898.

S. E. le Cardinal MATHIEU (Désiré), Membre de l'Académie française, Membre titulaire le 23 janvier 1880, Membre honoraire le 21 juillet 1899, décédé le 26 octobre 1908.

M. AUDIAT (Edgard), Président de chambre honoraire, Associé le 4 décembre 1885, Membre titulaire le 21 janvier 1887, décédé le 9 septembre 1911.

M. DE METZ-NOBLAT (Antoine), Associé le 4 juin 1880, Membre titulaire le 5 août 1881, Questeur de 1893 à 1895 et de 1899 au 8 mai 1914, décédé le 9 mai 1914.

M. de GOUSSAINCOURT (René), ancien Officier au 54e bataillon de mobiles, 10, place Carnot, Associé-correspondant du 1er juillet 1904.

BIENFAITEURS

M. BONFILS (Paul), préparateur de chimie, 1856.

M. TRAMPITSCH, Administrateur des Grandes Brasseries et Malteries de Champigneulles.

M. R. de GOUSSAINCOURT, associé-correspondant, 10, place Carnot.

M. le chanoine BARBIER, curé doyen de Blâmont.

III

ASSOCIÉS-CORRESPONDANTS ANCIENS MEMBRES TITULAIRES

1865. 16 Juin. M. ARNAULT DE LA MÉNARDIÈRE (Joseph-Camille), Professeur honoraire à la Faculté de Droit de l'Université de Poitiers (Titulaire du 16 mars 1866 au 7 janvier 1870).

1889. 5 Juill. M. Barthélemy (François), Archéologue (Titulaire du 5 juin 1892 au 29 juin 1900), 2, place Sully, à Maisons-Laffitte (Seine-et-Oise).

1892. 8 Janv. M. Riston (Victor), Avocat (Titulaire du 5 mai 1893 au 7 février 1919), villa des Ondes, à Saint-Lunaire (Ille-et-Vilaine).

6 Mai. M. Thoulet (Julien), Professeur honoraire de minéralogie à la Faculté des Sciences de l'Université de Nancy (Titulaire du 5 mai 1893 au 7 novembre 1913), 68, rue Madame, Paris (6e).

1893. 15 Juill. M. Blondlot (René), Correspondant de l'Institut (Académie des Sciences), Professeur honoraire à la Faculté des Sciences de l'Université (Titulaire du 6 janvier 1905 au 24 mai 1912), 16, quai Claude-le-Lorrain, Nancy.

1897. 2 Avril. M. Le Monnier (Georges), Professeur honoraire de botanique à la Faculté des Sciences de l'Université de Nancy (Titulaire du 6 janvier 1905 au 20 octobre 1910), 19, rue Montesquieu, Nancy.

29 Oct. M. Pariset (Georges), Professeur à la Faculté des Lettres de l'Université de Strasbourg (Titulaire du 9 janvier 1903 au 16 janvier 1920), à Strasbourg.

1898. 22 Avril. M. Imbeaux (le Dr Édouard), Ingénieur en chef des ponts et chaussées, Professeur à l'École nationale des Ponts et Chaussées (Titulaire du 25 octobre 1901 au 22 novembre 1912), 18, rue Émile-Gallé, Nancy.

1902. 21 Nov. M. Villain (François), Ingénieur en chef des Mines (Titulaire du 2 décembre 1904 au 7 juin 1917), 10, rue Auber, Paris (9e).

1906. 20 Juill. M. Prouvé (Victor), Artiste peintre, Directeur de l'École des Beaux-Arts (Titulaire du 2 février 1912 au 15 février 1918), avenue Boffrand, Nancy.

1907. 6 Déc. M. Schaudel (Louis), Receveur principal des Douanes en retraite (Titulaire du 9 juin 1911 au 11 juillet 1919), à Badonviller (Meurthe-et-Moselle).

IV

ASSOCIÉS-CORRESPONDANTS NATIONAUX

1874. 4 Déc. M. GARRIGOU (Félix), Docteur en médecine, 38, rue Valade, Toulouse (Haute-Garonne).

1875. 6 Août. M. VINSON (Julien), Professeur à l'École nationale des Langues orientales vivantes, ancien Inspecteur des Eaux et Forêts, Membre du Conseil supérieur des Colonies, 86, rue de l'Université, Paris (7e).

Id. M. GAFFAREL (Paul), Doyen honoraire de la Faculté des Lettres de l'Université de Dijon, Professeur honoraire d'histoire à la Faculté des Lettres de l'Université d'Aix-Marseille, 317, rue Paradis, Marseille.

7 Août. M. DE SÉMALLÉ (René), Homme de lettres, 9, rue de l'Ermitage, Versailles (Seine-et-Oise).

1883. 15 Juin. M. le comte DE WARREN (Lucien), ancien Capitaine d'artillerie, 19, place des Dames, Nancy.

1884. 7 Nov. M. le comte D'HAUSSONVILLE (Othenin), Membre de l'Académie française, 5 *bis*, rue de Constantine, Paris (7e).

1887. 4 Févr. M. KRANTZ (Émile), Doyen honoraire, Professeur de langue et de littérature françaises à la Faculté des Lettres de l'Université, 21, rue des Dominicains, Nancy.

1888. 2 Mars. M. COLLIGNON (le Dr René), Médecin-Major de 1re classe en retraite, Membre non résidant du Comité des travaux historiques et scientifiques, à Jaulny (Meurthe-et-Moselle).

16 Mars. M. DE MAGNIENVILLE (Roger), 5, rue des Cordeliers, Compiègne (Oise).

1888. 13 Avril. M. CHAPELIER (l'abbé Charles), Chanoine de la Cathédrale de Saint-Dié, 7, rue des Frères-Simon, Saint-Dié (Vosges).

29 Juin. M. le baron HULOT (Étienne), Secrétaire général de la Société de Géographie de Paris, 170 *bis*, rue de Grenelle, Paris (7e).

1889. 4 Janv. M. FOURNIER (Paul), Membre de l'Institut (Académie des Inscriptions et Belles-Lettres), Doyen honoraire de la Faculté de Droit de l'Université de Grenoble, Professeur de droit public français à la Faculté de Droit de l'Université de Paris, 71, avenue de Breteuil, Paris (15e), et à Chaligny, par Neuves-Maisons (Meurthe-et-Moselle).

1890. 10 Janv. M. CHERVIN (Dr Arthur), Directeur de l'Institut des bègues, 82, avenue Victor-Hugo, Paris (16e).

1892. 8 Janv. M. BRUNOT (Ferdinand), Professeur d'histoire de la langue française à la Faculté des Lettres de l'Université de Paris, 8, rue Leneveux (14e).

1893. 3 Mars M. JOURNÉE (le Général de brigade Félix-Albert), 10, rue José-Maria-de-Heredia, Paris (7e).

12 Mai. M. DOLLFUS (Adrien), Licencié ès sciences naturelles, 6, rond-point de Longchamp, Paris (16e).

7 Juill. M. DIEHL (Charles), Membre de l'Institut (Académie des Inscriptions et Belles-Lettres), Professeur d'histoire byzantine à la Faculté des Lettres de l'Université de Paris, 72, avenue de Wagram (17e).

15 Déc. M. PINGAUD (Léonce), Correspondant de l'Institut (Académie des Sciences morales et politiques), Professeur honoraire d'histoire et de géographie des temps modernes à la Faculté des Lettres de l'Université de Besançon (Doubs), 17, rue Migevant.

1893. 15 Déc. M. NŒLTING (E.), Directeur de l'École de chimie de Mulhouse (Alsace).

1894. 2 Mars. M. Basset (René), Doyen et Professeur d'arabe à la Faculté des Lettres de l'Université d'Alger, villa Louise, rue Denfert-Rochereau, Alger.

21 Déc. M. Ferry (René), Juge au Tribunal, 3, avenue de Robache, Saint-Dié (Vosges).

1896. 21 Févr. M. Briot (Félix), Conservateur des Eaux et Forêts, en retraite, 12, rue Nezin, Chambéry (Savoie).

1897. 8 Janv. M. Marichal (Paul), Conservateur adjoint aux Archives nationales, 11, avenue de Paris, Sceaux (Seine).

7 Mai. M. Bloch (Isaac), Grand Rabbin, 25, avenue Trudaine, à Paris (9e).

1898. 4 Mars. M. Liégeois (le Dr Charles), Correspondant de l'Académie de Médecine, Bainville-aux-Saules (Vosges).

22 Avril. M. Henry (Edmond), Sous-Directeur honoraire de l'École nationale des Eaux et Forêts, 4, rue de la Source, Nancy.

1903. 4 Déc. M. Bazin (René), Membre de l'Académie française, 6, rue Saint-Philippe-du-Roule, Paris (8e), et Les Rangeardières, Saint-Barthélemy (Maine-et-Loire).

1904. 22 Janv. M. Appell (Paul), Membre de l'Institut (Académie des Sciences), Recteur de l'Université de Paris, à la Sorbonne, Paris (5e).

Id. M. Picard (Émile), Membre de l'Institut (Académie des Sciences), Professeur d'analyse et d'algèbre supérieures à la Faculté des Sciences de l'Université de Paris, 2 et 4, rue Joseph-Bara, Paris (6e).

15 Avril. M. Fournier (le Vice-Amiral Ernest), Vice-Président du Bureau des Longitudes, 65, avenue Bosquet, Paris (7e).

1er Juill. M. de Goussaincourt (René), ancien Officier de mobiles, 10, place Carnot, Nancy.

1904. 16 Déc. Mme la marquise D'EYRAGUES, 27, place de la Carrière, Nancy.

1905. 6 Janv. M. LEVALLOIS (Henri), Bibliothécaire à la Bibliothèque nationale, 12, place Saint-Sulpice, Paris (6e).

17 Janv. M. ADAM (Charles), Membre libre de l'Académie des Sciences morales et politiques, Recteur de l'Université, palais de l'Université, place Carnot, Nancy.

3 Mars. M. BARRÈS (Maurice), Membre de l'Académie française, 100, boulevard Maillot, Neuilly (Seine).

17 Mars. M. HOMOLLE (Théophile), Membre de l'Institut (Académie des Beaux-Arts et Académie des Inscriptions et Belles-Lettres), Administrateur général de la Bibliothèque nationale, 8, rue des Petits-Champs, Paris (1er).

1906. 27 Avril. M. FERTÉ (Georges), Proviseur du Lycée Louis-le-Grand, 123, rue Saint-Jacques, Paris (5e).

1907. 18 Janv. M. POULET (Henry), Maître des requêtes au Conseil d'État, 201, faubourg Saint-Honoré, Paris (8e) et 20, rue de Provence, Versailles (Seine-et-Oise).

15 Févr. M. CHEVALIER (l'abbé Ulysse), Chanoine honoraire, rue Declères, Romans (Drôme).

7 Juin. M. SIMONIN (Armand), Avocat à la Cour d'appel de Paris, 174, avenue Victor-Hugo, Paris (16e).

5 Juill. M. HALLAYS (André), Avocat à la Cour d'appel de Paris, 33, boulevard Raspail, Paris (7e).

19 Juill. M. HARMAND (Georges), Avocat à la Cour d'appel de Paris, 134, rue de Rivoli, Paris (1er), et 14, rue des Fontenelles, Sèvres (Seine-et-Oise).

25 Oct. M. INGOLD (l'abbé Augustin-Marie-Pierre), à la Trappe du mont des Olives par Lutterbach (H. R.).

1908. 21 Févr. M. MAY (Gaston), Professeur de Droit romain à la Faculté de Droit de l'Université de Paris, 12, rue de Longchamp, Paris (16e).

1909. 5 Févr. M. Chuquet (Arthur), Membre de l'Institut (Académie des Sciences morales et politiques), Professeur au Collège de France, 41, avenue Magne, Villemonble (Seine).

1910. 13 Mai. M. Madelin (Louis), Agrégé de l'Université, Professeur d'histoire, 123, rue Mozart, Paris (16e).

17 Févr. M. Daum (Antonin), Maître verrier, rue du Pont-Cassé (Verreries de Nancy).

7 Juill. M. Magnant (le Dr Ernest), Docteur en médecine, Gondrecourt (Meuse).

1912. 2 Févr. M. Bonnard (l'abbé Fourier), Recteur de Saint-Nicolas des Lorrains, 17, Via di Tor Sanguigna Rome XI.

Id. M. d'Ollone (le colonel Henri-Marie-Gustave), 5, square de La Tour-Maubourg, Paris (7e).

3 Mai. Mgr Herscher (Sébastien), Archevêque de Laodicée, ancien Évêque de Langres, 20, quai de Béthune, Paris (4e).

24 Mai. M. Chatton (l'abbé Edmond), Collégiale de Bon-Secours, 163, rue de Strasbourg, Nancy.

7 Juin. M. Ducrocq (Georges), Directeur des *Marches de l'Est*, 99, boulevard Raspail, Paris (6e).

5 Juill. M. Pottecher (Maurice), Homme de lettres, 5, rue de la Santé, Paris (13e).

25 Oct. M. Hinzelin (Émile), Homme de lettres, 10 *bis*, rue Saint-Charles, Villemonble (Seine).

6 Déc. M. Mangenot (l'abbé Eugène), Professeur d'Écriture Sainte à l'Université catholique de Paris, 14, rue de Grenelle, Paris (7e).

1913. 24 Janv. M. de Dumast (le baron René Guerrier), 38, place de la Carrière, Nancy.

Id. M. de Mahuet (le comte Antoine), 38, rue Gambetta, Nancy.

1913. 21 Févr. M. BROCARD (Lucien), Professeur d'Économie politique à la Faculté de Droit de l'Université, 5-7, rue Désilles, Nancy.

7 Nov. M. AIMOND (l'abbé Charles), Professeur à l'École Saint-Louis (Esplanade du Château), Bar-le-Duc (Meuse).

21 Nov. M. BERTIER (Georges), Directeur de l'École des Roches, Verneuil-sur-Avre (Eure).

1914. 20 Mars. M. DAVILLÉ (Louis), Professeur d'histoire au Lycée de Bar-le-Duc, 14, rue St-Jean, Bar-le-Duc (Meuse).

17 Juill. M. BERTIN (Émile), Membre de l'Institut (Académie des Sciences), ancien Directeur du Génie maritime et des Constructions navales au ministère de la Guerre, 8, rue Garancière, Paris (6e).

1915. 30 Avr. M. BUREAU (Paul), Professeur à l'École des Hautes Études sociales et à la Faculté de Droit libre, 83, rue du Cherche-Midi, Paris (6e).

1917. 25 Mai. M. GRENIER (Albert), Professeur d'antiquités gallo-romaines à la Faculté des Lettres de l'Université, 4, rue de Turenne, Strasbourg.

Id. M. ROY (Hippolyte), Homme de lettres, 21, rue Villebois-Mareuil, Nancy.

8 Juin. M. BRAUN (Pierre), Professeur agrégé au Lycée de Metz, 8, rue de La Haye, Metz.

Id. M. CONSTANTIN (l'abbé Charles), Aumônier du Lycée Henri Poincaré, 2, rue de la Visitation, Nancy.

Id. M. LECLÈRE (Albert), Professeur de philosophie à l'Université de Berne, 5, Optingenstrasse, Berne (Suisse).

1918. 24 Mai. M. LOUIS (Henri), homme de lettres, 35, rue du Grand-Verger, Nancy.

1918. 5 Juill. M. HARMAND (René), Professeur de lettres au Lycée Henri Poincaré, 5, rue Dom-Calmet, Nancy.

1919. 24 Janv. M. BERLET (Charles), Avocat, 8, rue d'Alliance, Nancy.

16 Mai. M. COUTIL (Léon), Archéologue normand, à Saint-Pierre-du-Vauvray (Eure).

24 Oct. M. MANSUY (Abel), École française, 2, rue Hortensja, Varsovie.

21 Nov. M. NICOLAS (Émile), Publiciste, 31, rue de Santifontaine, Nancy.

5 Déc. M. GARNIER (Georges), 29, rue Gambetta, Épinal.

1920. 16 Avril. M. BRUNEAU (Charles), Professeur à la Faculté des Lettres, 21, rue Baron-Louis, Nancy.

Id. M. JEANTON (Gabriel), Procureur de la République, à Mâcon.

Id. M. TOURNEUR-AUMONT (Jean), Professeur au Lycée, 115, rue de Toul, à Nancy.

7 Mai. M. RENARD (Georges), Professeur à la Faculté de Droit, 13, rue de la Ravinelle, à Nancy.

21 Mai. M. BRETAGNE (Pierre), 7, rue de la Pépinière, Nancy.

2 Juill. M. DE LA CHAISE (Baron François), 8, rue de la Garde, à Metz.

Id. M. MAUJEAN (Léon), Professeur à l'École supérieure de Metz, à Vallières, près Metz.

Id. M. THIRIA (Michel), peintre-verrier, Directeur de la *Revue du Pays messin et de Lorraine*, 50, place Saint-Louis, à Metz.

1921. 7 Janv. M. LAURENT (Joseph), professeur à la Faculté des lettres de l'Université de Nancy, 147, rue Jeanne-d'Arc, Nancy.

4 Févr. M. SADOUL (Louis), conseiller à la Cour d'appel de Nancy, 25, rue de Boudonville.

M. FLAHAULT (Charles), professeur à l'Université de Montpellier.

V

ASSOCIÉS-CORRESPONDANTS ÉTRANGERS

1869. 17 Déc. M. MULLER (E.), Chambellan et Veneur de la Cour de S. M. le roi de Danemark, 109, Vestervoldgade, Copenhague (Danemark).

1875. 6 Août. M. HAYNES (H.-W.), Professeur, Vice-Président of the Society of natural history (Berkeley Street), Boston (États-Unis).

6 Août. M. SCHMIDT (Waldemar), Professeur d'égyptologie et d'assyriologie à l'Université royale de Copenhague (Danemark).

1888. 13 Avr. M. AAGAARD, Professeur d'histoire au Collège royal de Frederiksborg, 83, Nordre Frihamsgade, Copenhague (Danemark).

1913. 4 Avr. M. HYDE (James-H.), 18, rue Adolphe-Yvon, Paris (16e), et 23, West 50th Street, New-York (États-Unis).

TABLE DES MATIÈRES

IMPRIMERIE BERGER-LEVRAULT, NANCY-PARIS-STRASBOURG

La collection des *Mémoires* de l'Académie de Stanislas forme cinq séries distinctes :

1° *Mémoires de la Société royale des sciences et belles-lettres fondée en 1750 par Stanislas, roi de Pologne, duc de Lorraine et de Bar* ; 4 vol. in-12, 1754 à 1759 (très rares).

2° *Précis analytique des travaux de la Société des sciences, lettres et arts de Nancy* ; 12 fascicules ou volumes in-8°, de 1804 (an XII) à 1833 (en partie épuisés).

3° *Mémoires de la Société royale des sciences, lettres et arts de Nancy* (Académie de Stanislas) ; 35 volumes in-8°, de 1835 à 1866.

4° *Mémoires de l'Académie de Stanislas* ; 15 volumes in-8°, de 1867 à 1882.

5° *Mémoires de l'Académie de Stanislas* ; 20 volumes in-8°, de 1883 à 1902-1903.

6° Le volume de 1903-1904 ouvre une sixième série.

Une table des matières comprises dans les trois premières séries a paru en 1870 ; elle a été rédigée par M. le docteur Simonin père.

Une *Table alphabétique des publications de l'Académie de Stanislas* (*1750-1900*), rédigée par les soins de J. Favier et précédée de l'Histoire de l'Académie par M. Chr. Pfister, a été publiée en 1902.

IMPRIMERIE BERGER-LEVRAULT, NANCY-PARIS-STRASBOURG

www.ingramcontent.com/pod-product-compliance
Lightning Source LLC
LaVergne TN
LVHW082354160826
845678LV00008B/1832

* 9 7 8 2 3 2 9 7 3 9 5 8 8 *